Crescer em Comunhão
CATEQUESE DE INSPIRAÇÃO CATECUMENAL

Livro do Catequista

1

Célio Reginaldo Calikoski

Débora Regina Pupo

Léo Marcelo Plantes Machado

Maria do Carmo Ezequiel Rollemberg

Virginia Feronato

Petrópolis

© 2002, 2014, 2021, Editora Vozes Ltda.
Rua Frei Luís, 100
25689-900 – Petrópolis, RJ
www.vozes.com.br
Brasil
32ª edição, 2021

6ª reimpressão, 2025.

Todos os direitos reservados. Nenhuma parte desta obra poderá ser reproduzida ou transmitida por qualquer forma e/ou quaisquer meios (eletrônico ou mecânico, incluindo fotocópia e gravação) ou arquivada em qualquer sistema ou banco de dados sem permissão escrita da editora.

Imprimatur

Dom José Antonio Peruzzo
Presidente da Comissão Episcopal Pastoral para Animação Bíblico-Catequética – CNBB
Bispo referencial da Animação Bíblico-Catequética no Regional Sul II – CNBB
Arcebispo da Arquidiocese de Curitiba - PR
Agosto de 2021

CONSELHO EDITORIAL

Diretor
Volney J. Berkenbrock

Editores
Aline dos Santos Carneiro
Edrian Josué Pasini
Marilac Loraine Oleniki
Welder Lancieri Marchini

Conselheiros
Elói Dionísio Piva
Francisco Morás
Gilberto Gonçalves Garcia
Ludovico Garmus
Teobaldo Heidemann

Secretário executivo
Leonardo A.R.T. dos Santos

PRODUÇÃO EDITORIAL

Aline L.R. de Barros
Jailson Scota
Marcelo Telles
Mirela de Oliveira
Natália França
Otaviano M. Cunha
Priscilla A.F. Alves
Rafael de Oliveira
Samuel Rezende
Vanessa Luz
Verônica M. Guedes

Projeto gráfico: Ana Maria Oleniki
Diagramação: Ana Paula Bocchino Saukio
Capa: Ana Maria Oleniki
Revisão gráfica: Francine Porfirio Ortiz
Revisão teológica: Débora Regina Pupo

ISBN 978-65-571-3234-0

Este livro foi composto e impresso pela Editora Vozes Ltda.

SUMÁRIO

Apresentação, 5

Com a palavra, os autores, 7

BLOCO 1 – Sou importante na comunidade

1 E lhes dará um nome, 19

2 O grupo de catequese, 23

3 A família, 28

4 A comunidade, 32

Celebração: Apresentação dos catequizandos à comunidade e entrega da Palavra, 36

BLOCO 2 – Amigos de Jesus

5 Bíblia, um caminho para conhecer Jesus, 43

6 O Pai nos envia seu Filho, 47

7 Crescer diante de Deus e dos homens, 51

8 Jesus veio ao mundo com uma missão, 55

9 Encontro celebrativo: Quero ser amigo de Jesus, 59

BLOCO 3 – Jesus tem muito a ensinar

10 Palavras que falam ao coração, 67

11 Jesus ensina a acolher, 71

12 Jesus ensina a perdoar, 75

13 Jesus ensina a ter compaixão, 79

14 Jesus ensina a rezar, 84

Celebração: Quando rezarem, façam assim (Entrega da Oração do Senhor), 90

BLOCO 4 – Jesus, doação e serviço

15 Sinais de vida nova, 97

16 Jesus ensina a servir, 103

17 A cruz é sinal de amor, 108

18 Permanecei no meu amor, 113

19 Sou chamado a formar comunidade no amor, 117

20 Encontro celebrativo: Jesus ensina a amar, 121

LISTA DE SIGLAS E ABREVIATURAS, 125

REFERÊNCIAS, 126

Queridos catequizandos,
Prezados pais e familiares,
Estimados catequistas,

Mais uma vez foi revisada a *Coleção Crescer em Comunhão*. Ela lhes chega com o desejo de acompanhar o caminho de fé de crianças e adolescentes. As páginas em suas mãos trazem textos portadores de preciosos conteúdos catequéticos, expostos com cuidados didáticos e muita sensibilidade pedagógica.

Os autores trabalharam com muita dedicação, tendo os olhos fixos em vocês, queridos catequizandos. Ao escreverem, mantiveram a atenção e a sensibilidade à idade, aos interesses, às necessidades e à linguagem própria de quem pode crescer na fé mediante a educação para o discipulado na catequese. Mas também vocês, queridos catequistas, foram lembrados, tendo reconhecidos suas experiências e o anseio de fazer ecoar a Palavra de Deus.

A vocês, prezados pais e familiares, recordo que, em catequese, nada é tão decisivo quanto o interesse e a participação da família. O testemunho de fé que os catequizandos encontrarem em casa, assim como o entusiasmo pela formação catequética dos filhos, farão com que eles percebam a grandeza do que lhes é oferecido e ensinado.

Agora, pronta a obra, chegou o momento de apresentá-la aos destinatários. É um bom instrumento. É um recurso seguro aos que se entregam à catequese. Mas a experiência de fé vem de outra fonte. Vem do encontro com Jesus Cristo. Por Ele, vale a pena oferecer o melhor. Com Ele, podemos *Crescer em Comunhão*.

Dom José Antonio Peruzzo
Arcebispo da Arquidiocese de Curitiba – PR
Bispo referencial da Animação Bíblico-Catequética no Regional Sul II – CNBB
Presidente da Comissão Episcopal Pastoral para Animação Bíblico-Catequética – CNBB

Com a palavra, os autores

Queridos catequistas, com muita alegria apresentamos a *Coleção Crescer em Comunhão – Catequese de inspiração catecumenal*, renovando a esperança e intensificando o desejo de que a Catequese de Iniciação à Vida Cristã possibilite um caminho para despertar, amadurecer e crescer na fé, de acordo com a proposta de Jesus.

A coleção se chama *Crescer em Comunhão*, pois é este o espírito que perpassa a catequese, um permanente crescimento em "comum união" com os catequizandos, com as famílias, com a comunidade eclesial e com Jesus – que é Caminho, Verdade e Vida.

O percurso da Iniciação à Vida Cristã leva em conta a pessoa, o conteúdo, a realidade. É na catequese que deve acontecer a interação mútua e eficaz entre a experiência de vida e a fé. A experiência de vida levanta perguntas que a fé busca responder. A fé propõe a mensagem de Deus e convida a estar em comunhão com Ele, extrapolando toda e qualquer expectativa humana, e a experiência humana é estimulada a abrir-se para essa nova realidade em Jesus.

Para que aconteça de fato a iniciação cristã de forma plena entendemos que alguns aspectos são de enorme importância, assim destacamos que a catequese deve acentuar o primado da Palavra de Deus, envolver a comunidade eclesial, incluir a família e despertar para a dimensão litúrgica.

Desejamos que a catequese seja uma expressão significativa para toda a ação evangelizadora da Igreja e uma das atividades mais fecundas para a renovação das comunidades, capaz de aproximar-se da realidade das pessoas, tornando a Palavra de Deus mais eficaz na experiência cotidiana de cada catequizando e seus familiares.

Sabemos que o melhor manual é o próprio catequista, que dá testemunho de sua fé e as razões de sua esperança em Jesus e em seu Evangelho. Por isso nesta caminhada esperamos que a *Coleção Crescer em Comunhão* possa colaborar na missão de cada catequista de tornar-se verdadeiro discípulo missionário de Jesus.

Nosso reconhecimento e gratidão a todos os catequistas por seu testemunho e entrega ao ministério da catequese como pilar e alimento da fé viva nas comunidades.

Apresentamos a coleção revisada e atualizada com um grande amor à Igreja, na esperança de impulsionar uma nova etapa na vida da catequese e, ao mesmo tempo, na vida de nossas comunidades cristãs, contribuindo com a formação e educação da fé.

COMO ESTÁ ORGANIZADO O MANUAL DO CATEQUISTA

BLOCOS

O livro do catequista é organizado em blocos, um conjunto de temas agrupados sequencialmente para garantir o conhecimento e educação da fé. Cada bloco possui um texto introdutório para apresentar o conjunto de temas nele selecionados. Os temas dos blocos são apresentados por meio de encontros, estruturados da maneira a seguir.

OBJETIVO

É a meta a ser alcançada com o desenvolvimento do tema.

LEITURA ORANTE

É o momento para o catequista se preparar pedindo a iluminação de Deus.

A oração é o combustível para a missão catequética. É nela que encontramos a força para enfrentar os obstáculos, a sabedoria para agir nas diferentes situações. É nela também que encontramos e entramos em comunhão com aquele que é Santo e nos santifica.

A leitura orante levará o catequista a ter intimidade com o tema que será apresentado aos catequizandos em cada encontro. Eis os passos para praticá-la:

- **Leitura atenta do texto:** Este momento é para conhecer e amar a Palavra de Deus. Ler lentamente o texto, saboreando cada palavra ou frase. Ler uma vez, silenciar um pouco, ler uma segunda vez. Fazer um momento de silêncio interior, lembrando o que leu, pois o silêncio prepara o coração para ouvir o que Deus tem a falar.

- **Meditar a Palavra:** Atualizar a Palavra, ligando-a com a vida. Algumas questões auxiliam: O que o texto diz para mim, para nós? Que ensinamento o Senhor quer nos dar?

- **Respondendo a Deus pela oração:** Neste momento nos dirigimos a Deus, nos perguntando: O que o texto me faz dizer a Deus? Pode ser um pedido de perdão, porque a Palavra nos levou ao reconhecimento de que não estamos vivendo fielmente ou cumprindo o que Ele pede. Pode ser um louvor, uma súplica, um agradecimento. A oração deve brotar do coração tocado pela Palavra.

- **Contemplação:** Neste momento relemos o texto e nos colocamos diante da Palavra acolhendo-a em nosso coração e escolhendo uma frase ou palavra que nos ajude a olhar a vida, as pessoas e o mundo como Deus olha. Depois formulamos um compromisso. A Palavra de Deus nos aponta um caminho novo de vida, algo que precisamos mudar.

FUNDAMENTAÇÃO PARA O CATEQUISTA

Trata-se de um texto no qual o catequista encontrará subsídio teórico sobre o tema e o texto bíblico. É o momento de fundamentar-se de modo a estar preparado para o encontro.

O ENCONTRO

Nossa escolha metodológica para o desenvolvimento dos temas nos encontros catequéticos é inspirada no Evangelho de Lucas 24,13-35. Trata-se da passagem que relata a experiência dos "Discípulos de Emaús". O texto aponta para a dimensão da experiência do encontro com Jesus Cristo no caminho, na vida, na Palavra e na celebração. E como esse encontro leva a retomar o caminho e a partilhar com os outros o que se vivenciou, sua finalidade última é despertar para a missão. Os discípulos, ao realizarem uma experiência nova, o encontro com o Ressuscitado, voltaram pelo mesmo caminho, mas com um novo horizonte, tanto para a vida como para a missão.

O encontro está estruturado de forma a ajudar o catequista na sua organização. Para isso é preciso observar os elementos a seguir.

MATERIAIS

Propõe os recursos que o catequista vai precisar para desenvolver o encontro.

PARA INICIAR O ENCONTRO

É o momento de acolhida e apresentação do tema a partir do texto introdutório do livro do catequizando.

CRESCER COM A PALAVRA

Apresenta o texto bíblico com reflexões e ações para o catequizando realizar em grupo ou individualmente.

No decorrer dos encontros catequéticos é fundamental favorecer o encontro pessoal com o Cristo vivo do Evangelho e o aprofundamento constante do compromisso de fé. A catequese não se trata de um simples ensino, mas da transmissão de uma mensagem de vida. A educação da fé sempre supõe transmitir aquela vida que o Cristo nos oferece, principalmente através das vivências que o catequista realiza com os catequizandos e suas famílias.

A catequese deve partir da vida, da realidade, e ser iluminada pela Palavra de Deus. É o momento do anúncio da mensagem e de colocar o catequizando diante de Deus, de confrontá-lo com a fé. Neste confronto, ele próprio descobrirá a ação de Deus Salvador na sua realidade e irá se abrir para uma leitura nova da Palavra de Deus à luz dos acontecimentos.

Sendo a Bíblia o livro da fé, o catequizando e sua família devem ser orientados a realizar o contato diário e desenvolver uma familiaridade profunda com ela. Um elemento importante para isso é a leitura orante da Palavra de Deus no esforço de promover a interação entre o ontem e o hoje, a fé e a vida.

CRESCER NA ORAÇÃO

A dinâmica da oração sempre vai ter relação com o texto bíblico e com o tema do encontro. Ela vai levar o catequizando a refletir sobre o que está estudando.

Os encontros catequéticos precisam ser celebrativos, simbólicos e orantes. O catequista acompanha e conduz catequizandos e famílias para a experiência de fé (cf. DC, n. 113b). Assim, ele deve se preocupar em fazer o catequizando crescer na vida da oração, pela força do Espírito e seguindo o Mestre Jesus.

A oração abrirá espaço para a interiorização e vivência profunda do encontro com Cristo em resposta à Palavra. Favorecerá também a participação litúrgica na comunidade.

CRESCER NO COMPROMISSO

Propõe como compromisso uma ação a ser realizada pelo catequizando sozinho ou com a sua família. Esse compromisso está em sintonia com o tema e com o texto bíblico.

A experiência de fé se traduz em ações concretas de testemunho, em vivência transformadora. As ações propostas em cada encontro ajudam a assimilar, expressar e levar para a vida o que foi refletido. Lembramos que as ações transformadoras são lentas e exigem perseverança.

A espiritualidade do catequista é a atitude de quem mergulha dentro dos fatos para descobrir neles a presença ativa e transformadora da Palavra de Deus, procurando comprometer-se com essa Palavra em sua vida.

COMO ESTÁ ORGANIZADO O MANUAL DO CATEQUIZANDO

O livro do catequizando também está organizado em blocos, tendo um conjunto de temas que ajudam no conhecimento e na educação da fé, sistematizados em encontros. O objetivo dos blocos é articular os conteúdos em torno de uma mesma temática e ajudar o catequizando a perceber as correlações entre eles no processo de sua formação e educação da fé.

O objetivo de todo o processo catequético é levar os catequizandos e suas famílias a um encontro íntimo e pessoal com Jesus Cristo. A realização dos encontros contribui para este processo e necessita de temas organizados sistematicamente numa sequência crescente de conteúdos e ações. Para isso é importante considerar a relação entre: PALAVRA (vida e Palavra), ORAÇÃO (celebração) e COMPROMISSO (ação). Nesta perspectiva o livro do catequizando está estruturado de modo que suas partes sejam interdependentes.

O ENCONTRO

O encontro está estruturado da seguinte forma:

TEXTO INTRODUTÓRIO

Compõe-se de um texto que introduz o tema a ser refletido e rezado no decorrer do encontro.

CRESCER COM A PALAVRA

Deus se comunica conosco mediante sua Palavra, que é sempre atual e atuante na vida. Diante das situações que nos cercam, portanto, precisamos recorrer a ela com atitude de escuta e acolhimento, a fim de discernir o que Deus está nos dizendo, o que Ele quer de nós, para onde quer nos conduzir.

Neste momento do encontro é desenvolvida a relação da vida com a Palavra (texto bíblico) segundo orientações de como fazê-la, assim como de como proceder para favorecer ao catequizando a aprendizagem do conteúdo.

A atitude de escuta diante de Deus e de sua Palavra permite que Ele conduza, com seus ensinamentos, a vida de cada catequizando. Sendo assim, a leitura da Bíblia não pode faltar nos encontros. Na Bíblia estão narrados o encontro e o relacionamento de Deus com a humanidade, com a finalidade de levá-la à comunhão com Ele. A Bíblia narra a entrada de Deus na vida do ser humano, assim como a entrada do ser humano na vida de Deus.

CRESCER NA ORAÇÃO

Momento de promover um diálogo profundo e íntimo com Deus, colocar-se, em silêncio, diante d'Ele para ouvir tudo o que tem a dizer. O modelo de oração que nos inspira é a atitude de Maria diante de Deus: "Faça-se em mim segundo a sua Palavra" (Lc 1,38). A oração nasce da experiência dos problemas e das alegrias reais da vida, levando-nos à comunhão e a um compromisso com Deus.

Sugerimos várias formas de oração: louvor, ação de graças, súplica, pedido de perdão, preces formuladas, cantos, recitação de salmos e versículos bíblicos, ou mesmo de forma espontânea, segundo aquilo que o Espírito Santo sugere a cada um. É necessário que a oração não seja apenas para pedidos individuais, pessoais, mas que se tenha em mente o aspecto comunitário.

CRESCER NO COMPROMISSO

É o momento das reflexões e orientações de como agir de acordo com o tema e o texto bíblico. Neste momento, em muitos casos, as ações propostas são articuladas para que os catequizandos as realizem com seus familiares, pois a catequese será eficaz e atingirá os seus objetivos se acontecer na vida familiar.

A família é e sempre será a primeira escola de fé, porque nela o testemunho dos pais e responsáveis expressa mais que qualquer outra palavra, gesto ou imagem. Não há melhor forma de catequizar do que as atitudes realizadas pelos pais, que são percebidas, entendidas e assimiladas com interesse, curiosidade e amor pelos filhos. A família, com seu testemunho vivo e diário de fé, é a fonte necessária para uma evangelização que vai formando pessoas novas para um mundo novo que exige posturas novas, visando sempre à concretização do Reino de Deus entre nós.

CELEBRAÇÕES DE ENTREGA E ENCONTROS CELEBRATIVOS

Nos manuais da *Coleção Crescer em Comunhão* apresentamos celebrações de entrega e encontros celebrativos.

Tanto as celebrações quanto os encontros celebrativos têm como objetivos aprofundar a mensagem apresentada no decorrer dos encontros e ser uma experiência de iniciação orante dos conteúdos. É um momento no qual catequista e catequizandos se unem a Cristo para louvar, suplicar e escutar a Palavra.

BLOCO 1

SOU IMPORTANTE NA COMUNIDADE

1 E lhes dará um nome

2 O grupo de catequese

3 A família

4 A comunidade

Celebração

Apresentação dos catequizandos à comunidade e entrega da Palavra

Neste bloco, os catequizandos identificarão que cada pessoa é única e faz parte de uma família, de um grupo e de uma comunidade. Identificarão que não estão sozinhos, pois, juntamente com outras pessoas, vão aprender sobre alguém importante para suas vidas: Jesus Cristo.

No primeiro encontro, propomos desenvolver a importância do nome para as pessoas, explorando ser tão especial que até Deus quis dar um nome ao seu Filho. No segundo encontro abordamos o grupo de catequese, e refletimos sobre como nós, humanos, necessitamos participar de grupos. Jesus também quis um grupo, e o chamou de apóstolos ou discípulos; a esse grupo, nós também pertencemos.

No terceiro encontro apresentamos a família como a primeira comunidade, a qual chamamos de comunidade doméstica. É na família que aprendemos os valores para nos relacionarmos bem, como membros da comunidade.

No quarto encontro abordamos a comunidade e aquela à qual pertencemos: a comunidade cristã. É aí que o catequizando será iniciado nos ensinamentos de Jesus Cristo. No fim deste bloco, propomos um momento importante para celebrar o que foi refletido nos quatro primeiros encontros. É a Igreja acolhendo e conduzindo seus filhos para a Palavra de Deus.

E LHES DARÁ UM NOME 1

Objetivo

Reconhecer a importância de a pessoa ter um nome e por ele ser chamada por Deus.

LEITURA ORANTE

- Prepare-se para este encontro rezando o texto: Lc 1,26-31.
- Encerre o momento com uma oração pedindo a Deus sabedoria e discernimento para reconhecer Jesus em cada um dos catequizandos.

FUNDAMENTAÇÃO PARA O CATEQUISTA

O nome de uma pessoa é importantíssimo. Através dele, a pessoa tem uma identidade e se torna conhecida e reconhecida. Todos têm direito ao nome. Não se deve ter vergonha dele; é pelo nome que seremos chamados por Deus e conhecidos pela sociedade. É importante, ao nos dirigir a uma pessoa, chamá-la pelo nome; agindo assim, expressamos: "Você é única", "Você é alguém".

Podemos reconhecer a importância do nome na Bíblia, no livro do Gênesis, quando Deus nomeia o homem de Adão e a mulher de Eva; ainda, em Isaías, quando Deus diz: "(...) eu te chamo pelo nome, és meu" (Is 43,1).

O nome de uma pessoa é tão importante que até Deus deu um nome a seu Filho: "Eis que conceberás e darás à luz um filho e lhe porás o nome de Jesus" (Lc 1,31).

Ao nascermos, nós recebemos o nosso nome, escolhido pelos nossos familiares. Esse nome pode ser resultado de várias inspirações: um personagem da Bíblia, o santo do dia do nascimento, os nomes dos avós, entre outras. O nome então é registrado em um documento chamado Certidão de Nascimento. Depois nossos familiares procuram a Igreja para inserir o nosso nome na vida trinitária de Deus, de modo que ele passa a ser também o nosso nome cristão – isso acontece no Batismo, quando nascemos para Deus.

Associados aos seus nomes, há pessoas que possuem apelidos que lhes são dados carinhosamente pela família. Infelizmente há também apelidos que não são carinhosos, e sim preconceituosos. Para evitar constrangimentos, é sempre recomendado chamar as pessoas pelo nome delas. Ao agir assim, manifesta-se o quanto elas são importantes e quanto carinho despertam. Deus nos chama pelo nome porque nos ama, e Jesus nos diz: "Alegrai-vos, antes, porque vossos nomes estão escritos nos céus" (cf. Lc 10,20).

LEIA PARA APROFUNDAR

- Catecismo da Igreja Católica, números 2156 a 2159.

O ENCONTRO

MATERIAIS

- ✓ Um cartaz com a seguinte frase escrita na parte de cima: OS VOSSOS NOMES ESTÃO ESCRITOS NOS CÉUS (Lc 10,20).
- ✓ Uma estrela de papel de cor amarela para cada catequizando escrever seu nome. Catequista, faça uma estrela com seu nome para também participar da dinâmica.
- ✓ Coloque o cartaz próximo à Bíblia, uma flor e uma imagem do Menino Jesus. Pode colocar no chão, por ficar mais fácil para os catequizandos fixarem a estrela no cartaz.
- ✓ Canetas ou canetinhas hidrográficas para os catequizandos utilizarem na escrita do nome.
- ✓ Fita adesiva para fixar as estrelas no cartaz.

PARA INICIAR O ENCONTRO

- Acolha os catequizandos explicando que neste encontro irão refletir sobre o nome e sua importância.

- Promova a leitura do texto introdutório, destacando a maneira como as pessoas recebem os seus nomes e como eles são registrados na sociedade civil e na comunidade de fé, na Igreja.

CRESCER COM A PALAVRA

- Convide os catequizandos para que silenciem, buscando ouvir o que Deus vai falar.

- Reze com eles uma oração de invocação do Espírito Santo.

- Conte o texto de Lc 1,26-31, enfatizando a parte em que o anjo Gabriel diz qual vai ser o nome do Filho de Deus. Pode-se fazer uma pequena encenação.

- Convide os catequizandos a lerem juntos o texto bíblico. Se necessário, ajude aqueles que tiverem dificuldade de localizar o texto em suas Bíblias.

- Após a leitura, faça a reflexão sobre o texto bíblico e contextualize brevemente por que Maria recebe esse convite de Deus. Utilize a fundamentação e a sugestão de leitura do Catecismo para conversar com os catequizandos.

- Oriente-os e acompanhe a realização das atividades 1, 2 e 3.

- Comente o valor do nome e motive uma reflexão sobre apelidos, com foco no respeito às pessoas.

CRESCER NA ORAÇÃO

- Após ler com os catequizandos o texto de introdução dessa parte do encontro, entregue a cada um deles uma estrela de papel e oriente a escrever o nome nela. Você, catequista, também pegue a estrela na qual escreveu seu nome.

- Convide os catequizandos para que, em silêncio, saiam de seus lugares e colem suas estrelas no cartaz próximo à Bíblia, completando-o (ofereça um pedaço de fita adesiva para cada catequizando).

- Sugere-se, durante o momento de completarem o cartaz, colocar uma música ambiente. Indica-se a canção *Seu nome é Jesus*, do Padre Zezinho.
- Encerre com a oração proposta no livro do catequizando.

CRESCER NO COMPROMISSO

- Enfatize aos catequizandos a importância de todos serem chamados pelo nome.
- Faça o combinado sugerido no livro do catequizando.
- Oriente-os e incentive-os a realizarem a atividade com a família. Explique que, realizando essa atividade, eles vão demonstrar respeito e carinho pelo nome de cada familiar, além de transmitir a mensagem de que seus nomes estão escritos nos céus junto a Jesus.
- Se algum catequizando disser que não sabe fazer uma estrela para utilizar com sua família, tenha uma pronta como modelo para entregar a ele ou, se achar melhor, faça uma estrela a mais para cada catequizando.
- Encerre o encontro com uma oração.

Anotações

O GRUPO DE CATEQUESE 2

Objetivo

Compreender que participar do grupo de catequese é fazer uma experiência de conviver como irmãos em Cristo.

LEITURA ORANTE

- Faça a leitura orante do texto: Mc 1,16-20. Observe como Jesus vai encantando as pessoas através de gestos e palavras.

- Reze também o texto: 1Sm 3,1-10. Medite sobre como Deus chama as pessoas para evangelizarem.

- Lembre-se de como você foi chamado a ser catequista e, por meio desses dois textos, peça inspiração ao Espírito Santo para ajudar os catequizandos a ouvirem o chamado de Deus em suas vidas.

FUNDAMENTAÇÃO PARA O CATEQUISTA

Todos nós estamos inseridos em uma sociedade, pertencemos a ela e, nela, nos identificamos com algumas pessoas e formamos grupos. A pessoa humana tem necessidade de vida social; e na convivência com os outros, pode desenvolver seus dons (cf. ClgC, n. 1879).

Estamos também inseridos numa comunidade de fé, e nela somos uma grande família de irmãos com situações diferentes. É nessa comunidade que se realiza a compreensão dos fundamentos da fé e dos valores cristãos. Segundo o Diretório para a Catequese, n. 218: "O grupo é o lugar concreto em que se vive as 'relações novas geradas por Jesus Cristo' que podem 'transformar-se em uma verdadeira experiência de fraternidade'". É no grupo de catequese que os catequizandos irão fazer uma experiência de pertencimento à comunidade. Portanto, "O catequista é convidado a, no grupo, fazer viva a experiência da comunidade como expressão mais coerente da vida da Igreja, que encontra na celebração da Eucaristia a sua forma mais visível" (DC, n. 219).

O grupo de catequese é o lugar propício para acolher e condividir a mensagem salvífica; ele é importante para a formação das pessoas (cf. DC, n. 219). No grupo de catequese a pessoa terá o anúncio do Evangelho, e a comunicação da fé exigirá o contato de pessoa para pessoa. É uma interação construtiva entre pessoas diferentes, na qual floresce uma troca e uma comunicação profunda, sempre animada pelo Espírito Santo, autor de todo progresso da fé (cf. DC, n. 220).

LEIA PARA APROFUNDAR

- Catecismo da Igreja Católica, números 1877 a 1885.
- Diretório para a Catequese, números 218 a 220.

O ENCONTRO

MATERIAIS

- ✓ Um balão para cada catequizando (a cor é de sua escolha) e uma tarja com o nome do catequista e de cada catequizando para colocar em cada balão.
- ✓ Música *Amar como Jesus amou*, de Padre Zezinho, para ser tocada durante a dinâmica.

PARA INICIAR O ENCONTRO

- Sugere-se iniciar o encontro contando a história *O time dos bichos*, que narra como um leão montou um time de futebol com bichos que não tinham organização nem respeito uns com os outros. Para mudar a situação, o leão resolveu antes ensiná-los a respeitar uns aos outros e trabalhar como um grupo, com objetivos e organização. Essa história pode ser encontrada em várias páginas da *web*, mas sugerimos lê-la na publicação do Padre Antônio Queiroz, no *site* oficial do Santuário Nacional de Nossa Senhora Aparecida (01 abr. 2013): https://www.a12.com/redacaoa12/historias-de-vida/o-time-dos-bichos. Acesso em: 15 jul. 2021.

- Comente com os catequizandos que, em um grupo, cada membro tem uma qualidade que lhe foi dada por Deus. Devemos desenvolver essa qualidade para ajudar a nós mesmos e aos nossos irmãos. É necessário respeitar as qualidades e fragilidades dos colegas para podermos conviver melhor em grupo, priorizando a paz e a harmonia. Unidos, somos o Corpo de Cristo, no qual cada pessoa é um membro (cf. 1Cor 17,27). Assim como membros de um corpo são completamente diferentes uns dos outros, mas trabalham unidos, o mesmo deve acontecer com as pessoas que fazem parte de uma comunidade.

- Após essa reflexão, continue o encontro explorando o texto da introdução do livro dos catequizandos.

CRESCER COM A PALAVRA

- Realize a leitura do texto bíblico: Mc 1,16-20.

- Oriente os catequizandos a procurarem o texto na Bíblia e lê-lo com atenção.

- Converse sobre o convite que Jesus fez aos quatro amigos e mencione a profissão deles (pescadores).

- Enfatize que assim como Jesus convidou aquelas pessoas, agora Ele convida cada um dos catequizandos para fazer parte do grupo de amigos dele.

- Na atividade 1, motive os catequizandos a sublinharem nas suas Bíblias os nomes das pessoas que Jesus chamou para formar um grupo com Ele.

- Converse sobre as quatro maneiras, apresentadas aos catequizandos, que os ajudarão a chamar Jesus de amigo:

  - Conhecer melhor Jesus e sua proposta para nós.

  - Celebrar e comemorar o que acontece de bonito em nossa vida.

  - Dedicar-se a viver melhor na nossa família e com nossos amigos.

  - Rezar juntos pedindo que todos possam ser felizes.

- Ajude-os a organizar a frase da atividade 2: *Participar de um grupo é permanecer unido ajudando uns aos outros.*

- Encaminhe-os para a realização da atividade 3, do livro do catequizando.

- Encerre esta parte do encontro com a oração proposta na atividade 4 e motive a darem um abraço em cada amigo.

CRESCER NA ORAÇÃO

A oração é uma das atitudes necessárias para fazer parte do grupo de amigos de Jesus. Realize a seguinte dinâmica com os catequizandos:

- Entregue para cada catequizando um balão e uma tarja com o nome dele.

- Oriente todos a encherem seu próprio balão e amarrarem a ponta (se algum catequizando não conseguir, faça por ele).

- Diga para irem ao centro da sala e coloque a música: *Amar como Jesus amou*, do Padre Zezinho, ou outra que achar melhor.

- Após ligar o som, peça para os catequizandos jogarem os balões para o alto e não deixarem nenhum deles cair no chão. Diga que podem bater no balão que estiver próximo, não precisa ser apenas no seu próprio balão.

- Depois de um tempo, silencie a música, pedindo para deixarem de bater nos balões. Peça para cada um pegar o balão que estiver mais próximo. Oriente-os a estourar o balão, um de cada vez, pegar a tarja que estava dentro dele e ler o nome ali escrito.
- Por último, diga para guardarem a tarja dentro da Bíblia e rezarem durante o ano por esse amigo, uma vez por semana ou todos os dias, se conseguirem, pedindo proteção e agradecendo a Deus por essa amizade. Explique que assim serão madrinhas ou padrinhos de oração uns dos outros, como amigos.
- Encerre o momento com a oração sugerida no livro do catequizando.

CRESCER NO COMPROMISSO

- Oriente os catequizandos a fazerem o compromisso com a família.
- Encerre o encontro com uma oração.

Anotações

3 A FAMÍLIA

Objetivo

Compreender que as atitudes de respeito, bondade e oração me fazem colaborador da paz e felicidade da minha família.

LEITURA ORANTE

- Reze o texto: Ef 6,1-4.
- Após esse momento, pense e reze pela sua família e pela família de seus catequizandos.

FUNDAMENTAÇÃO PARA O CATEQUISTA

A família é uma pequena comunidade na qual deve prevalecer o amor, o respeito e a união. No texto de Ef 6,1-4 lemos que para ser feliz é necessário que os pais amem e cuidem de seus filhos, e os filhos respeitem seus pais.

Há uma diversidade de famílias; algumas são grandes, formadas por muitas pessoas, outras são pequenas. Seja qual for a sua configuração, em certos momentos da vida familiar há desentendimentos e até separações. O que importa na dinâmica familiar não é se ela é grande ou pequena, se há divergências de opiniões ou não, e sim que todos se amem e sejam felizes respeitando uns aos outros. O Papa Francisco, em sua exortação apostólica *Amoris Laetitia*, *sobre o amor na família*, disse:

> A alegria do amor que se vive nas famílias é também o júbilo da Igreja. Apesar dos numerosos sinais de crise no

matrimônio – como foi observado pelos Padres sinodais – o desejo de família permanece vivo, especialmente entre os jovens, e isto incentiva a Igreja. Como resposta a este anseio, o anúncio cristão sobre a família é verdadeiramente uma boa notícia. (AL, n. 1)

A família é a célula fundamental da sociedade. E dela dependem as pessoas, a comunidade humana e a comunidade eclesial (cf. DC, n. 226). É na família que as crianças aprenderão as relações interpessoais, como se relacionar com pessoas que pensam, sentem e agem diferente, e, a partir dessa experiência, estabelecerão a sua forma de agir e viver em comunidade e na sociedade. Portanto, "A família é uma comunidade de amor e vida, constituída de 'um complexo de relações interpessoais – vida conjugal, paternidade-maternidade, filiação, fraternidade – mediante as quais cada pessoa humana é introduzida na família humana e na família de Deus, que é a Igreja (FC, n. 15)'" (DC, n. 226).

No Catecismo da Igreja Católica (n. 2204) afirma-se: "A família cristã constitui uma revelação e uma realização específica da comunhão eclesial; é uma Igreja doméstica. É uma comunidade de fé, de esperança e de caridade". Pode-se entender que o ambiente familiar é o espaço no qual espera-se que nossos catequizandos tenham a primeira experiência com o Divino e ouçam pela primeira vez sobre Jesus Cristo.

O ENCONTRO

MATERIAIS

- ✓ Uma imagem da Sagrada Família.

- ✓ Um cartaz (pode ser uma tarja) com os dizeres "SAGRADA FAMÍLIA DE NAZARÉ, A MINHA FAMÍLIA VOSSA É", para ser colocado junto à imagem da Sagrada Família.

- ✓ Uma tarja de papel para cada catequizando escrever os nomes de seus familiares.

PARA INICIAR O ENCONTRO

- Inicie o encontro conversando sobre o que é a família com os catequizandos. Explore como é a dinâmica ideal para se viver em família e quais são as configurações familiares que eles possuem ou conhecem.

- Explore o texto introdutório falando da família como lugar no qual as pessoas crescem e são educadas, mencionando que Jesus também viveu esta experiência.

- Oriente-os a desenhar a família deles ao lado da família de Jesus. Converse sobre a Sagrada Família ser modelo e inspiração para o cristão viver a sua fé, pois, se há algo que não faltou a ela, foi acreditar em Deus e seguir seus mandamentos.

CRESCER COM A PALAVRA

- Realize a leitura do texto bíblico de forma orante. Sugere-se colocar uma música instrumental para ajudar o momento e fazer, também, a invocação ao Espírito Santo.

- Leia o texto bíblico de Ef 6,1-4 e peça, depois, para os catequizandos fazerem uma leitura silenciosa, prestando atenção nas palavras. Explique as palavras não compreendidas.

- Comente o conteúdo do texto refletindo sobre o sentido de obediência, respeito, cuidado e fé para fortalecer o amor e a união na família.

- Encaminhe-os para a atividade proposta, enfatizando as atitudes necessárias para constituir uma família feliz e em paz.

- Respostas da atividade 1:

  a) <u>Amar</u> as pessoas da minha família.

  b) Respeitar e <u>obedecer</u> ao pai e à mãe.

  c) Tratar a todos na minha família com <u>bondade</u> e delicadeza.

  d) Cumprir com os <u>deveres</u> e respeitar os direitos das pessoas.

  e) <u>Rezar</u> sempre, buscando a proteção de Deus para a minha família.

  f) Participar da <u>missa</u> com a família.

CRESCER NA ORAÇÃO

- Faça a reflexão sobre como deve ser uma família identificando a Sagrada Família como modelo e exemplo.
- Realize a dinâmica orante proposta no livro do catequizando.
- Comente a importância de rezar com e pelos familiares, sendo a oração uma das atitudes que unem a família.
- Encerre o momento com a oração pela família.

CRESCER NO COMPROMISSO

- Recorde com os catequizandos o que foi refletido no encontro: o texto bíblico, as atitudes que se deve ter em relação à família, como colaborar neste ambiente.
- Proponha o compromisso para ser realizado em casa, com a família.
- Encerre o encontro com a canção *Oração pela família*, do Padre Zezinho.

4 A COMUNIDADE

> **Objetivo**
>
> Identificar a comunidade como um lugar para viver conforme os ensinamentos de Jesus.

LEITURA ORANTE

- Prepare-se para este encontro rezando o texto bíblico: At 4,32-35.
- Conclua o momento rezando:

Senhor Jesus, que eu saiba testemunhar o seu amor e animar minha comunidade com alegria e gratuidade. Amém!
Pai nosso que estais nos céus...

FUNDAMENTAÇÃO PARA O CATEQUISTA

Jesus gostava de viver em comunidade. Para iniciar sua comunidade, Jesus escolheu doze pessoas – e o grupo foi aumentando a cada lugar por onde Ele passava. Esse grupo, chamado por Jesus, caminhava com Ele por todos os lugares, podendo aprender muito bem o sentido de comunidade, partilhando a refeição, o descanso, as alegrias e as decepções da caminhada. Acima de tudo, uma certeza unia e fortalecia essas pessoas: Jesus, o Mestre, estava vivo entre elas, guiando-as e orientando-as. Dessa certeza vinha o ânimo para o serviço e o anúncio do Reino. Desde então, os cristãos se reúnem como família de Deus para encontrar o Senhor e entrar em comunhão com Ele.

Nas comunidades estão doentes e sadios, pobres e ricos, idosos e jovens reunidos porque "o amor de Cristo os uniu e continua unindo".

A pertença à comunidade é selada com o Batismo, a porta de entrada para essa comunidade. A partir dele, "A comunidade eclesial inteira tem uma parcela de responsabilidade no desenvolvimento e na conservação da graça recebida pelo Batismo" (ClgC, n. 1.255), e tem também a missão de orientar e ajudar cada um de seus membros a crescer e se desenvolver em todas as dimensões, especialmente em seu amadurecimento na fé.

Nos Evangelhos há várias passagens que mostram Jesus realizando uma vivência de comunidade: nas Bodas de Caná, na multiplicação dos pães, ao escolher os doze discípulos, entre outras. O Livro dos Atos dos Apóstolos também descreve a vida em comunidade entre os primeiros cristãos, revelando que eram perseverantes no ensinamento dos apóstolos porque sabiam que a convivência com Jesus levou-os a aprender o seu jeito de ser e viver, sendo eles, mais tarde, os que ensinavam às comunidades o que aprenderam com o Mestre. Assim, as comunidades perseveravam fiéis a esses ensinamentos (cf. At 2,42), pois "com grande eficácia os apóstolos davam testemunhos da ressurreição do Senhor Jesus" (At 4,33). Na formação das primeiras comunidades, "Repartia-se, então, a cada um segundo sua necessidade" (cf. At 4,35) e todos tinham "um só coração e uma só alma" (cf. At 4,32).

O ENCONTRO

Materiais

- ✓ Providencie uma foto ou imagem da igreja da sua comunidade.
- ✓ Prepare um espaço, pode ser uma mesa, com Bíblia, uma imagem de Jesus Cristo, vela e flores – inclua também a imagem ou foto da igreja.

PARA INICIAR O ENCONTRO

- Inicie o encontro com a reflexão sobre o que é comunidade, explorando o que os catequizandos sabem dessa palavra e de como se vive em uma comunidade.

- Destaque como era a comunidade formada por Jesus e o que havia de importante nela, que a diferenciava de outras comunidades.

- Explore os aspectos do texto introdutório sobre a vida em comunidade: oração, partilha, comunhão, acolhimento a quem chegar, ensinamentos. Comente o que é a Igreja doméstica.

- Enfatize a importância de a igreja ser o lugar onde a comunidade cristã conversa, comemora e celebra a vida. Mencione que essas são ações que a comunidade realiza unida, quando cada um compartilha seus dons. Depois encaminhe para a realização da atividade orientando a escrever na ilustração os nomes de seus familiares e amigos, identificando-os como membros da comunidade.

- Peça para escreverem o nome de sua comunidade cristã, conforme pede o livro do catequizando.

CRESCER COM A PALAVRA

- Leia o texto bíblico de At 4,32-35 e peça aos catequizandos para também fazerem a leitura cada um na sua Bíblia.

- Faça a reflexão sobre o texto bíblico apresentando como era uma comunidade cristã fundada por Jesus e como a nossa comunidade é hoje.

- Motive a realização da atividade 1 orientando-os a encontrar as palavras no texto bíblico para completar as frases.

  - As palavras que completam a frase são: coração – alma – comum – ressurreição – Jesus – necessitados – necessidade.

CRESCER NA ORAÇÃO

- Retome a informação de que Jesus formou uma comunidade com os discípulos e destaque a missão dos apóstolos de darem continuidade a sua missão de anunciar o Evangelho. A partir do anúncio, formaram-se comunidades que testemunhavam a vida de oração e a partilha. Destaque que essas comunidades rezavam bastante, sempre pedindo a proteção de Deus.

- Convide-os a rezar pelos membros da comunidade.

CRESCER NO COMPROMISSO

- Oriente os catequizandos para o compromisso em família, a ser realizado por meio de uma ação que atenda à necessidade de alguém da comunidade.

- Dê pistas do que eles podem fazer de concreto em prol de quem precisa na comunidade, apresentando as sugestões de seus livros e outras que sejam evidentes em sua realidade.

- Peça para que registrem em seus livros, com a família, o que sentiram ao realizar essa atividade.

- Encerre o encontro com uma oração.

Anotações

Celebração

Apresentação dos catequizandos à comunidade e entrega da Palavra

Objetivo

Assumir o compromisso de participar da vida da comunidade e de acolher a Palavra de Deus como fonte para alimentar a fé.

LEITURA ORANTE

- Prepare-se para a celebração que será realizada com os catequizandos, seus familiares e a comunidade.

- Realize a leitura orante do Evangelho do dia.

- Finalize o momento pedindo a Deus para que a Palavra que será entregue aos catequizandos seja fonte para suas vidas de cristãos.

FUNDAMENTAÇÃO PARA O CATEQUISTA

Acolher a Palavra de Deus é acolher o Reino de Deus. Ela é o alimento para a vida do cristão. Isso significa dizer que a Palavra alimenta a fé e faz crescer a comunhão entre os cristãos. O seu anúncio, portanto, não se limita a um ensinamento, mas quer motivar a resposta de fé como compromisso entre Deus e seu povo.

O Catecismo da Igreja Católica (n. 108), contudo, nos diz:

> a fé cristã não é uma "religião do Livro". O Cristianismo é a religião da "Palavra de Deus, não de uma palavra escrita e muda, mas do Verbo encarnado e vivo".

Para que as Escrituras não permaneçam letra morta, é preciso que Cristo, Palavra eterna de Deus vivo, pelo Espírito Santo nos "abra o espírito à compreensão das Escrituras".

LEIA PARA APROFUNDAR

- Catecismo da Igreja Católica, números 101 a 104.

A CELEBRAÇÃO

MATERIAIS

✓ Mesa com as Bíblias em destaque. Na capa das Bíblias, coloque uma etiqueta ou um cartão com a frase: RECEBA O LIVRO QUE CONTÉM A PALAVRA DE DEUS. QUE ELA SEJA LUZ PARA SUA VIDA.

Orientações

- Esta celebração é realizada durante a missa dominical da comunidade com a liturgia do dia.
- Antes da celebração, prepare os catequizandos e seus familiares explicando o que irá acontecer, orientando os gestos e a participação deles.
- Esclareça que se faz a procissão de entrada com a cruz ladeada por duas velas, além dos catequizandos e catequizandas, coroinhas, ministros, diáconos (se tiver) e o padre.

ACOLHIDA

Catequista: Hoje nossa comunidade está em festa. Teremos a apresentação dos novos catequizandos e a entrega da Palavra para eles. Vamos iniciar a nossa celebração com a procissão de entrada.

Saudação

O presidente da celebração saúda os catequizandos e toda a comunidade, falando deste importante ato de apresentação e entrega da Palavra.

Apresentação dos catequizandos e catequista

Todos sentados. O catequista se apresenta e chama cada catequizando pelo nome. O catequizando chamado fica de pé. Terminada a apresentação dos catequizandos, a comunidade os recebe com uma salva de palmas.

COMPROMISSO

Presidente da celebração: Queridos catequizandos e queridas catequizandas, vocês estão iniciando a catequese, estão aderindo à proposta de Jesus Cristo de paz, amor e serviço. A catequese irá prepará-los para essa adesão, fortalecendo a fé no Jesus Ressuscitado. Pergunto: Vocês estão dispostos a participar assiduamente da catequese e da vida da comunidade?

Catequizandos: Sim, estou.

Presidente da celebração: Queridos pais, vocês estão dispostos a colaborar com os catequistas na catequese de seu filho e sua filha, ensinando-os as principais orações do cristão e a leitura diária da Bíblia?

Pais: Sim, estou.

Presidente da celebração Estimada comunidade, estes catequizandos desejam conhecer Jesus Cristo. Por isso serão necessários ajuda, oração e incentivo de toda a comunidade através do testemunho pessoal de participação na vida comunitária. Vocês prometem apoiá-los e incentivá-los no crescimento da fé e no conhecimento de Jesus Cristo?

Comunidade: Sim, prometo.

Presidente da celebração: Amados e amadas catequistas, vocês estão dispostos a colaborar com estes catequizandos no crescimento de sua fé e no seguimento a Jesus Cristo?

Catequistas: Sim, estou.

Prossegue com o Ato Penitencial até a Homilia.

ENTREGA DA PALAVRA

Após a Homilia, o presidente da celebração convida os pais dos catequizandos e das catequizandas para virem até a mesa pegar uma Bíblia e entregá-la a seu filho ou filha.

Ao entregar a Bíblia para seu filho ou filha, os pais dizem a seguinte frase: "Receba o livro que contém a Palavra de Deus. Que ela seja luz para sua vida". Ao receber a Bíblia, o(a) catequizando(a) abraça e beija os pais.

Se tiver muitos catequizandos, sugere-se organizar por turma.

Prossegue com o Creio.

PRECES (Cf. RICA, N. 94)

Padre: Rezemos por esses catequizandos e catequizandas, suas famílias, seus catequistas e toda a comunidade.

Catequista: Senhor, que a proclamação e escuta da vossa Palavra revelem a esses catequizandos e catequizandas Jesus Cristo, vosso Filho, rezemos:

Todos: Senhor, atendei a nossa prece.

Catequista: Inspirai, Senhor, os catequizandos e as catequizandas para que, com generosidade e disponibilidade, acolham a vossa vontade, rezemos:

Todos: Senhor, atendei a nossa prece.

Catequista: Senhor, sustentai, com auxílio sincero dos catequistas e pais, a caminhada desses catequizandos e catequizandas, rezemos:

Todos: Senhor, atendei a nossa prece.

Catequista: Fazei, Senhor, que a nossa comunidade, unida na oração e na prática da caridade, seja exemplo de vida para esses catequizandos e catequizandas, rezemos:

Todos: Senhor, atendei a nossa prece.

Prossegue com a Liturgia Eucarística.

BÊNÇÃO E ENVIO

O presidente da celebração diz algumas palavras sobre a acolhida dos catequizandos e das catequizandas e a entrega da Bíblia, assim como sobre a importância de viver de acordo com a Palavra de Deus. Convida os catequizandos e as catequizandas a se aproximarem do altar e, de joelhos, receberem a bênção. Pede para catequistas, pais e comunidade estenderem a mão sobre os catequizandos e as catequizandas durante a bênção.

Anotações

AMIGOS DE JESUS

5 Bíblia, um caminho para conhecer Jesus

6 O Pai nos envia seu Filho

7 Crescer diante de Deus e dos homens

8 Jesus veio ao mundo com uma missão

9 Encontro celebrativo
   Quero ser amigo de Jesus

Neste bloco vamos conduzir nossos catequizandos a conhecerem a pessoa de Jesus, identificando na Bíblia um caminho que aproxima d'Ele. Os encontros serão, portanto, uma proposta de anúncio alegre, na qual a cada momento é possível perceber Jesus como uma pessoa igual a nós, se não fosse por sua missão divina na Terra de, enquanto Filho de Deus, anunciar o Reino e nos convidar a participar dele.

Esses encontros são parte do processo de Iniciação à Vida Cristã, o qual progressivamente auxilia os catequizandos a conhecerem e ficarem íntimos de Jesus Cristo, aprendendo a amá-lo e a seguir seus ensinamentos.

Este segundo bloco nos leva a apresentar a Bíblia como a Palavra que aponta para o verdadeiro Caminho: Jesus Cristo. Para reconhecer Jesus Cristo como Caminho, seguimos olhando a sua história, lembrando que o seu envio e nascimento são eventos relacionados ao "sim" de uma mulher, Maria; e lembrando a vida d'Ele em uma família humilde, sendo nela educado para crescer não apenas fisicamente, mas especialmente em sabedoria e graça diante de Deus e dos homens. Será apresentada também neste bloco, portanto, a missão de Jesus na Terra: anunciar a Boa-Nova do Reino de Deus. Por último, celebraremos a amizade com essa pessoa, Jesus, inspiração para o nosso viver.

BÍBLIA, UM CAMINHO PARA CONHECER JESUS

5

Objetivo

Compreender que a Bíblia é um meio para conhecer Jesus e seus ensinamentos.

LEITURA ORANTE

- Prepare-se para este encontro rezando o texto bíblico: Sl 119(118), 101-105.

- Reflita: Como está minha fé? Alimento minha fé com a Palavra de Deus? A Palavra tem sido luz para meus caminhos, para as minhas escolhas?

- Para encerrar este momento, faça a seguinte oração:

  Senhor Jesus, Palavra viva de Deus, ajudai-me a buscar a minha fé e o discernimento para a minha vida. Enviai, Senhor, o teu Santo Espírito para que eu mostre a tua presença em nossas vidas. Amém!

FUNDAMENTAÇÃO PARA O CATEQUISTA

A mensagem central de toda a Sagrada Escritura é Jesus. Ela aponta para Ele no Antigo Testamento e o revela plenamente no Novo Testamento. Jesus é a "Palavra feita de carne" (cf. ClgC, n. 129).

Assim, certa da garantia do Espírito Santo, a Igreja recebe e venera como inspirados todos os livros da Sagrada Escritura. Os quatro Evangelhos ocupam um lugar central, já que Cristo Jesus é o seu centro (cf. ClgC, n. 138-139).

A Bíblia ajuda a viver conforme o desejo de Deus, sendo através dela que Deus ensina e orienta o seu povo para continuar a lutar e a perseverar sem nunca desanimar.

Ela se divide em duas grandes partes: o Antigo e o Novo Testamentos. O Antigo Testamento, escrito antes da chegada de Jesus, é formado por 46 livros. O Novo Testamento, escrito depois da chegada de Jesus, é formado por 27 livros. Os 73 livros são divididos em capítulos e versículos. A Bíblia não foi escrita de uma única vez, e sim aos poucos e por várias pessoas, em diferentes épocas, o que faz com que encontremos nela diferentes estilos de linguagem.

No documento *Evangelii Gaudium*, em seu número 4, o Papa Francisco diz:

> Os livros do Antigo Testamento preanunciaram a alegria da salvação, que havia de tornar-se superabundante nos tempos messiânicos. O profeta Isaías dirige-se ao Messias esperado, saudando-O com regozijo: "Multiplicaste a alegria, aumentaste o júbilo" (9,2).

Assim, o Papa Francisco exalta a importância do Antigo Testamento e sinaliza o tempo de expectativas e preparação para a chegada do Messias. No mesmo documento, em seu número 21, ele menciona o sentimento que o anúncio do Evangelho provoca em quem o acolhe em sua vida:

> A alegria do Evangelho, que enche a vida da comunidade dos discípulos, é uma alegria missionária. Experimentam-na os setenta e dois discípulos, que voltam da missão cheios de alegria (cf. Lc 10,17). Vive-a Jesus, que exulta de alegria no Espírito Santo e louva o Pai, porque a sua revelação chega aos pobres e aos pequeninos (cf. Lc 10,21). Sentem-na, cheios de admiração, os primeiros que se convertem no Pentecostes, ao ouvir "cada um na sua própria língua" (At 2,6) a pregação dos Apóstolos. Esta alegria é um sinal de que o Evangelho foi anunciado e está a frutificar.

LEIA PARA APROFUNDAR

- Sugere-se a leitura do documento *Evangelii Gaudium*, do Papa Francisco.

O ENCONTRO

MATERIAIS

- ✓ Uma Bíblia.
- ✓ Uma imagem de Jesus (pode ser de Jesus Misericordioso).
- ✓ A música do Pe. Zezinho: *Minha luz é Jesus*.
- ✓ Um tecido marrom, duas velas, desenhos de pés e a frase: "TUA PALAVRA É UMA LÂMPADA PARA MEUS PASSOS E UMA LUZ PARA MEUS CAMINHOS" (Sl 119(118),105).
- ✓ Prepare o ambiente colocando no chão o tecido marrom. No meio dele, a Bíblia, a imagem de Jesus, as duas velas e a frase. Posicione os desenhos dos pés na direção da Bíblia, da imagem e da frase.

PARA INICIAR O ENCONTRO

- Explore o texto introdutório explicando o que é a Bíblia, sua organização e seu conteúdo.
- Comente quais são os assuntos dos livros que a compõem. Explique o que são os Evangelhos e tudo o que faz parte do Novo Testamento.
- Solicite para os catequizandos manusearem a Bíblia e identificarem a quantidade de livros, assim como os nomes deles. Incentive-os a ler em casa as introduções dos livros que compõem a Bíblia, para obter uma visão geral de seu conteúdo.

CRESCER COM A PALAVRA

- Realize a leitura do texto Sl 119(118),101-105.
- Explore o que os catequizandos entenderam da leitura: o que diz a eles, como a explicariam, o que teriam a dizer a Deus sobre o que leram.
- Converse e explique o que significa o salmo lido.
- Explore na atividade 1 o entendimento dos catequizandos sobre cada um dos versículos:
  - No versículo 103, questione o que entendem sobre a Palavra de Deus mais doce do que o mel na boca. Explique que essa comparação se refere a associar a Palavra a algo considerado muito bom na época em que o salmista vivia. Depois, pergunte aos catequizandos: O que representa a Palavra de Deus em nossa vida? Como ela pode ser algo doce, algo bom, em nossa vida?

- Destaque no versículo 104 a questão de a Palavra de Deus nos afastar do caminho da mentira. Questione: O que é viver afastado da mentira? Como a Palavra de Deus tem esse poder?

- No versículo 105, destaque o que o salmista diz sobre a Palavra de Deus ser lâmpada e luz para o seu caminho. Questione sobre: Quem orienta a sua maneira de ser e agir? Você acredita que a Palavra de Deus pode orientar o jeito de ser e agir de uma pessoa? Por quê?

- Incentive-os a responder à atividade 2 e compartilhar suas respostas. Observe as motivações de suas escolhas.

- Oriente a atividade 3 mediando o processo de elaboração das ideias e produção de um parágrafo coletivo sobre o que aprenderam com o salmista. Este tipo de atividade é muito importante, pois ajuda a corrigir equívocos no entendimento e guardar o que é essencial, fixando o que aprenderam na reflexão.

- Oriente-os a observar a ambientação no centro da sala, caminhando em volta dela, e questione: O que tem no meio do tecido? O que tem na direção da Bíblia? Que frase está na ambientação?

- Peça para desenharem em seus livros, na atividade 4, os pés indo na direção da Bíblia de maneira que expressem como ela pode ser lâmpada a guiar os seus caminhos, as suas escolhas.

CRESCER NA ORAÇÃO

- Introduza o momento orante motivando-os com o canto *Minha luz é Jesus*, do Padre Zezinho. Oriente-os a cantar bem alto e depois baixarem progressivamente a tonalidade de voz, até chegarem ao murmúrio.

- Deixe-os alguns minutos em silêncio e convide-os a rezar a oração sugerida nos seus livros, pedindo para colocarem a mão na Bíblia enquanto a realizam.

CRESCER NO COMPROMISSO

- Explique aos catequizandos que o seu primeiro compromisso é conversar sobre o que aprenderam no encontro. Depois converse sobre muitas famílias ainda não terem uma Bíblia. Será que poderíamos fazer alguma ação em relação a isso?

- Proponha a ação de o grupo solicitar às suas famílias uma contribuição na aquisição de uma Bíblia para doação.

O PAI NOS ENVIA SEU FILHO

6

> **Objetivo**
>
> Reconhecer que o nascimento de Jesus é uma iniciativa de Deus e entender que Jesus se faz um de nós, sendo um presente para a humanidade.

LEITURA ORANTE

- Reze o texto: Lc 1,26-38.2,4-14.

- Leia três vezes. Na primeira leitura, veja os personagens que aparecem no texto. Na segunda leitura, imagine-se no cenário: Quem eu seria nesse cenário? Na terceira leitura, pense no que mais chamou sua atenção e reflita: Para mim, qual o sentido do nascimento de Jesus? O que posso realizar corretamente para que Jesus nasça com força transformadora na vida dos meus catequizandos?

- Encerre a leitura orante com a oração do Pai-nosso.

FUNDAMENTAÇÃO PARA O CATEQUISTA

No Evangelho de Lucas 1,26-38, encontramos o chamado de Maria. O anjo Gabriel diz "Ave, cheia de graça!", acompanhado de "O Senhor está contigo".

Com essas frases, o anjo está dizendo que Deus apoia Maria incondicionalmente. Maria fica com medo, nervosa, mas conversa com o anjo, em vez de fugir, e ele a anima dizendo: "Não tenhas medo, Maria, porque encontraste graça diante de Deus. Eis que conceberá e darás à luz um filho e lhe porás o nome de Jesus" (Lc 1,31). A essa fala do anjo, Maria diz o seu SIM: "Faça-se em mim segundo a tua

Palavra" (Lc 1,38b). Maria é aquela que realiza a obediência da fé do modo mais perfeito, acolhendo o anúncio e a promessa trazidos pelo anjo Gabriel; sua fé nunca vacilou, e a Igreja venera em Maria a realização mais pura da fé (cf. ClgC, n. 148-149).

O anjo anunciou a José essa concepção e o futuro nascimento, para que o Filho de Deus nascesse em uma família humana. O Papa Francisco (2015), sobre isso, interpreta: "Isto é muito bonito: mostra-nos como o mistério da Encarnação, tal como Deus o desejou, abrange de modo profundo não só a concepção no ventre da mãe, mas também o acolhimento numa família verdadeira".

Lucas narra também o nascimento de Jesus, destacando a condição de extrema pobreza (nascer numa estrebaria). José e Maria saíram de Nazaré rumo a Belém para fazerem o recenseamento ordenado pelo Imperador Augusto. Belém era terra natal de José. Maria estava nos últimos dias de gravidez e deu à luz no meio da pobreza. A preferência de Deus pelos pobres se evidencia quando Lucas narra a visita dos pastores que passavam a noite no campo, tomando conta das ovelhas. Os pastores recebem a boa notícia, constatam o fato e se tornam comunicadores do grande acontecimento.

Sobre o nascimento de Jesus, o Papa Francisco (2019), em seu discurso por ocasião das felicitações de Natal, diz:

> Jesus é o sorriso de Deus. Ele veio para nos revelar o amor do Pai, a sua bondade, e a primeira maneira em que Ele fez isto foi sorrir para seus pais, como qualquer criança recém-nascida neste mundo. E eles, a Virgem Maria e São José, devido à sua grande fé, souberam aceitar essa mensagem, reconheceram no sorriso de Jesus a misericórdia de Deus por eles e por todos aqueles que esperavam a sua vinda, a vinda do Messias, o Filho de Deus, o Rei de Israel.

O ENCONTRO

MATERIAIS

✓ Presépio.

✓ Bíblia junto à Sagrada Família no presépio.

✓ Uma faixa (pode ser de cartolina ou papel Kraft) com a frase: GLÓRIA A DEUS NAS ALTURAS E PAZ NA TERRA AOS HOMENS DE BOA VONTADE.

✓ A faixa pode ser colocada próximo ao presépio.

PARA INICIAR O ENCONTRO

- Comente o amor de Deus pelo seu povo. Depois mencione que, para expressar seu amor, Deus enviou seu Filho para viver no meio de nós, para fazer a experiência de ser humano, para conhecer a nossa realidade e nos ajudar ensinando como podemos buscar uma vida melhor e mais digna.

- Pergunte se algum dos catequizandos sabe a história do seu nascimento ou de um irmãozinho ou irmãzinha. Quais sentimentos são despertados quando nasce uma criança na família? Fale aos catequizandos que Deus também quis ser recebido no mundo como uma criança que nasce e é acolhida em sua família. Mostre no presépio que família é esta: José, Maria e Jesus.

CRESCER COM A PALAVRA

Leia com os catequizandos o texto introdutório da leitura bíblica, depois faça uma contação de história em dois momentos:

Primeiro: sobre a Anunciação que está no texto de Lc 1,26-38.

- Ao terminar essa parte da narrativa, converse sobre o conteúdo no texto do livro do catequizando.

- Solicite a realização da atividade 1.

Segundo: sobre o nascimento de Jesus narrado no texto de Lc 2,4-14.

- Explore a narrativa aproveitando-se do texto no livro do catequizando.

- Oriente-os a responder às questões da atividade 2.

CRESCER NA ORAÇÃO

- Fale aos catequizandos sobre a grande alegria que é o nascimento de Jesus.

- Mostre a frase que está na faixa e explique que ela exalta a alegria de todos nós pelo nascimento do Menino Jesus.

- Realize as orações de invocação e de agradecimento propostas no livro do catequizando.

CRESCER NO COMPROMISSO

- Compare a situação do nascimento de muitas crianças com o nascimento de Jesus.

- Verifique, com seus catequizandos, se sabem de uma criança que nasceu ou vai nascer em condições similares à de Jesus. Explore que Jesus passou por essa situação porque faltou acolhimento das pessoas a sua família. Mencione que a falta de acolhimento faz com que as pessoas passem por dificuldades. Converse com os catequizandos motivando-os a expressar o que é preciso fazer para acolher as pessoas. Deixe-os falar e, se necessário, cite como exemplos: quando alunos novos na escola não são bem recebidos nos grupos; quando uma criança não é chamada para brincar e fica sozinha; quando não se divide um lanche com alguém que esqueceu o seu em casa.

- Solicite que cada catequizando escolha e escreva uma atitude para expressar como pode agir para ser alguém que acolhe as pessoas tanto nos momentos bons quanto nos momentos difíceis. Esclareça que acolher é importante em qualquer um desses momentos.

- Convide-os a pensar em estratégias para não esquecerem de agir, ou seja, de realizar a atitude escolhida, orientando-os a registrar no espaço indicado.

- Encerre o encontro com a oração da Ave-Maria.

> **LEMBRETE**
>
> Peça aos catequizandos para trazerem para o próximo encontro duas fotos: uma deles quando bebês e outra deles já maiores.

CRESCER DIANTE DE DEUS E DOS HOMENS

7

Objetivo

Entender que, como Jesus, crescemos nos aspectos físicos, intelectuais e espirituais diante de Deus e dos homens.

LEITURA ORANTE

- Faça uma oração ao Espírito Santo para ter sabedoria e melhor compreender o que Jesus está lhe pedindo no texto bíblico.

- Leia três vezes o texto: Lc 2,41-52. Na primeira leitura, observe o cenário, os personagens e o que acontece com cada um deles. Na segunda leitura, reflita sobre como pode ajudar seus catequizandos a crescerem em sabedoria, tamanho e graça diante de Deus e dos homens. Na terceira leitura, reflita sobre como a sua catequese tem colaborado para que as famílias assumam a tarefa de fazer seus filhos crescerem em graça diante de Deus.

- Encerre o momento rezando:
  Senhor, meu Deus, dá-me a sabedoria para ajudar no crescimento dos meus catequizandos em graça diante de Ti e das pessoas. Isso eu te peço por intercessão de Maria, mãe de teu Filho Jesus e nossa mãe. Amém!

FUNDAMENTAÇÃO PARA O CATEQUISTA

Havia três festas prescritas pela religião judaica das quais todos deveriam participar: a Festa da Páscoa, a Festa de Pentecoste e a Festa das Tendas. José e Maria seguiam para Jerusalém todos os anos para participar da Festa da Páscoa, que celebrava a salvação dos primogênitos judeus da escravidão do Egito.

Quando Jesus fez doze anos, acompanhou os pais à Festa da Páscoa em Jerusalém. Terminado o evento, José e Maria regressaram para Nazaré, mas Jesus ficou no Templo ouvindo e questionando os mestres. Depois de três dias procurando-o, José e Maria encontraram Jesus no Templo e falaram de sua preocupação. Jesus respondeu: "Não sabíeis que eu devo estar na casa do meu Pai?" (Lc 2,49). O que Ele disse sinaliza o mistério de sua consagração à missão de filiação divina. Maria e José não compreenderam suas palavras, mas as acolheram na fé, e Maria guardava todos esses fatos em seu coração (cf. Lc 2,51). Ocorrido isso, Jesus voltou com seus pais para Nazaré "e ali viveu, obedecendo-lhes em tudo" (Lc 2,51).

A idade entre doze e treze anos apresenta um significado especial no judaísmo: é a passagem para a maioridade religiosa. A partir dessa idade, os meninos judeus passavam a ser responsáveis por observar a Lei como adultos, assumindo as obrigações religiosas. Isso acontece ainda hoje nas comunidades de tradição judaica: quando os meninos completam treze anos, participam do rito do Bar Mitzvá, uma cerimônia que marca a passagem deles para a vida adulta, conferindo-lhes a maioridade religiosa para assumirem as responsabilidades em sua comunidade.

O evangelista Lucas, no capítulo 2,39s, diz com clareza que, após o nascimento de Jesus, Ele e seus pais voltaram para Nazaré, lugar onde Jesus passou os anos seguintes de sua vida, e onde se desenvolveu nos aspectos físico, intelectual e religioso. Jesus fez a experiência de viver como a maioria das pessoas de sua época, dedicando-se ao trabalho, à religião judaica e à participação na vida da comunidade. De tudo, sabe-se que era submisso a seus pais e que crescia em estatura, graça e sabedoria diante de Deus e dos homens, cumprindo assim o quarto mandamento (cf. Lc 2,51-52).

O ENCONTRO

MATERIAIS

✓ Um painel. No alto dele, a frase: COMO JESUS, QUERO CRESCER EM.

✓ No meio do painel, uma imagem da Sagrada Família.

✓ De um lado da imagem, a palavra SABEDORIA.

✓ Do outro lado, a palavra TAMANHO.

✓ Embaixo da imagem, a palavra GRAÇA.

✓ Em volta desse painel, coloque as fotos trazidas pelos catequizandos.

✓ Três tarjas de papel para cada catequizando.

PARA INICIAR O ENCONTRO

- Comece falando das mudanças em nosso crescimento físico e desenvolvimento intelectual, explorando o texto introdutório do livro do catequizando.

CRESCER COM A PALAVRA

▪ Motive os catequizandos a refletirem e oferecerem suas opiniões a partir do texto introdutório em seus livros. Mencione que precisamos de outras pessoas para crescer e enfatize que Jesus também passou pelas mesmas fases que nós passamos, e precisou de Maria e José para se desenvolver.

▪ Realize a leitura do texto bíblico de Lc 2,41-52.

▪ Converse sobre as diversas fases do crescimento em todos os aspectos: tamanho, sabedoria e graça (crescimento físico, intelectual e espiritual).

▪ Oriente-os a responder às questões da atividade 1, relacionadas ao texto bíblico.

▪ Reflita com os catequizandos olhando as fotos que eles trouxeram, buscando identificar nelas os três tipos de crescimento.

- Oriente-os a realizar as atividades 2 e 3.
  - Respostas da atividade 2:
    - Crescer em tamanho: fazer exercícios (brincar, jogar bola, nadar, caminhar, entre outros); alimentar-se bem; descansar.
    - Crescer em sabedoria: estudar; participar da catequese; ler a Bíblia para conhecer melhor Jesus; ler bons livros; assistir a bons filmes.
    - Crescer em graça: rezar; escutar o que Deus nos pede; participar da missa com atenção; obedecer aos pais; respeitar e ajudar as pessoas; praticar os ensinamentos de Jesus.

CRESCER NA ORAÇÃO

- Enfatize a importância da oração para crescer em graça diante de Deus e dos homens.
- Oriente-os na oração silenciosa, de olhos fechados ou cabeça inclinada. Peça para se lembrarem das pessoas que os ajudam a crescer em tamanho, sabedoria e graça.
- Depois convide-os a rezar, todos juntos, a oração em seus livros.
- E encerre o momento com a oração do Pai-nosso.

CRESCER NO COMPROMISSO

- Retome com os catequizandos que nós também crescemos em tamanho, sabedoria e graça diante de Deus e das pessoas, iguais a Jesus, mas, como Ele, nós também precisamos de outras pessoas para que nosso crescimento seja possível; pessoas que nos orientam e inspiram em nosso desenvolvimento. Por isso é necessário estarmos atentos aos bons conselhos e às atitudes das pessoas que podem nos ensinar como viver e crescer em graça.
- Oriente-os ao compromisso desse encontro: realizar sempre em sua vida a atitude que escolheu para crescer em graça diante de Deus.

JESUS VEIO AO MUNDO COM UMA MISSÃO

8

Objetivo

Reconhecer que Deus enviou Jesus, seu Filho, ao mundo com uma missão: anunciar o Reino de Deus.

LEITURA ORANTE

- Inicie este momento invocando o Espírito Santo, pedindo que o ilumine para melhor compreender o texto.
- Reze o texto: Lc 4,16-22.
- Releia o texto dando atenção às palavras de Jesus, refletindo sobre o que é o Reino Deus.
- Reflita: O que isso tem a ver comigo e meus catequizandos?
- Encerre este momento rezando:
  Senhor, perdão pelas vezes que anunciei o teu Reino apenas com palavras que não vivi. Ajudai-me a fazer da minha vida um testemunho do teu Reino. Amém!

FUNDAMENTAÇÃO PARA OS CATEQUISTAS

Anunciar o Reino de Deus a todos, esse era o objetivo da missão de Jesus (cf. Lc 4,43).

E esse Reino é destinado a todos os seres humanos, principalmente aos marginalizados pela sociedade, que eram e são os preferidos no anúncio da Boa-Nova.

Jesus, em sua missão, mostra que o Reino de Deus é um Reino onde todos são tratados como iguais e amigos, onde todos nós somos amados por Deus. Jesus mostra que o acesso ao Reino se faz pela fé e pela conversão (cf. Mc 1,15), e revela imensa ternura pelos necessitados e pecadores. Ele também mostra que, no Reino, a nossa intimidade com Deus é grande e podemos chamá-lo de Pai (cf. Mc 14,36). No centro da Boa-Nova está o Mistério Pascal de Cristo. Cabe a Jesus, em sua missão, realizar o plano de salvação do Pai; por isso, ao enviar seus discípulos, confiou-lhes a missão, ordenando-os a proclamar que "o Reino dos Céus está próximo" (cf. Mt 10,7).

LEIA PARA APROFUNDAR

- Catecismo da Igreja Católica, números 571 e 763.

O ENCONTRO

MATERIAIS

- ✓ Manchetes de jornais ou revistas equilibrando notícias ruins (violência, brigas políticas, fome...) e boas (pessoas ajudando, alegres, reunidas com as famílias...).

- ✓ Tecido cinza para colocar as imagens ruins (antiReino) e tecido amarelo para colocar a imagens que representam boas ações no mundo (Reino de Deus).

- ✓ Uma vela.

- ✓ Uma imagem de Jesus Ressuscitado ou Jesus Misericordioso.

- ✓ Coloque esses tecidos com as imagens de jornais ou revistas no centro da sala.

- ✓ No tecido amarelo, além das imagens de boas ações, coloque a Bíblia, a vela acesa e a imagem de Jesus.

- ✓ Deixe uma distância entre um tecido e outro.

- ✓ Atenção, catequista, evite utilizar tecido de cor preta ou marrom.

PARA INICIAR O ENCONTRO

- Utilize o texto introdutório do livro do catequizando para fazer uma apresentação do tema do encontro.

- Explore qual é a compreensão dos catequizandos sobre o que é reino; como entendem o que é o Reino de Deus.

CRESCER COM A PALAVRA

- Proclame a leitura do Evangelho: Lc 4,16-22.

- Compare o reino que nós conhecemos com o Reino apresentado por Jesus na leitura bíblica, utilizando o texto que está no livro do catequizando.

- Conte a seguinte história:

Era uma vez um reino muito, mas muito distante. Neste reino havia um rei terrivelmente maldoso, que fazia muitas coisas ruins com a ajuda de outras pessoas ao seu lado. Ele brincava com as tristezas que acometiam seu povo: as mortes, a fome, a falta de escola para as crianças; ele até debochava das pessoas diferentes dele e de sua família. Era um rei que maltratava o seu povo. Um dia chegou ao reino um homem calmo, que acolhia a todos com respeito, educação e empatia. Esse homem começou a falar de alguém que morreu crucificado. Ele disse que o homem crucificado, chamado Jesus Cristo, veio ao mundo com a missão de anunciar um reino, o Reino de Deus. Ele dizia que Jesus era o Filho de Deus, e que o Reino sobre o qual Jesus falava era bem diferente deste governado por um rei tirano. Era um Reino onde os pobres, os aprisionados, os doentes, os oprimidos, os sem-teto, os sem-terra e os abandonados seriam acolhidos com paz, amor e felicidade. E segundo o que esse Cristo disse, era possível ter o Reino de Deus aqui e agora na Terra.

O homem explicou, ainda, que o Reino de Deus era um lugar de solidariedade, de esperança, de amizade, de família unida, de paz, de amor, de felicidade. O rei maldoso quis conhecer o homem que trouxe essa novidade, porque ouviu dizer que o povo, apesar de suas maldades, estava mais feliz só por ouvi-lo. O homem foi até o rei e apresentou o Reino proposto por Jesus Cristo. O rei ficou tão encantado que mudou sua vida, seu jeito de ser, e começou a colaborar para o novo reino existir, o Reino de Deus. Ele dizia: "Jesus Cristo chegou até mim e me transformou num homem novo".

- Converse com os catequizandos mediando a interpretação e o entendimento da história. Depois proponha que completem, na atividade 1, o desenho em seus livros. Nos raios do sol, devem escrever o que é o Reino de Deus.

- Oriente-os a realizar a atividade 2. Procure ajudá-los a compreender que as pessoas citadas no texto bíblico eram discriminadas por causa de uma cultura da época que não respeitava nem concedia os mesmos direitos a quem tinha alguma deficiência ou era pobre.

CRESCER NA ORAÇÃO

- Explique aos catequizandos que, antes de o Reino de Deus acontecer no mundo, é preciso acontecer em nós.
- Diga a eles que um dos alicerces do Reino de Deus é a oração, e que através dela podemos pedir forças para continuar a missão de Jesus hoje.
- Realize a oração sugerida no livro do catequizando.

CRESCER NO COMPROMISSO

- Explore com os catequizandos os dois ambientes montados no chão da sala de catequese.
- Peça que andem em volta e observem cada elemento.
- Converse com eles sobre o Reino de Deus e o antiReino, explorando as imagens e os acontecimentos sobre os quais sabem.
- Proponha as duas atividades de compromisso.
- Encerre o encontro com a oração do Pai-nosso.

Anotações

Encontro celebrativo

QUERO SER AMIGO DE JESUS

9

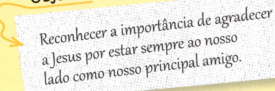

Objetivo

Reconhecer a importância de agradecer a Jesus por estar sempre ao nosso lado como nosso principal amigo.

LEITURA ORANTE

- Prepare-se para a oração invocando o Espírito Santo.
- Catequista, é importante rezar o texto bíblico durante a semana que antecede este encontro celebrativo.
- Realize a leitura do texto: Mt 19,13-15.
- Releia o texto bíblico observando as atitudes de Jesus no acolhimento das crianças.
- Reflita: Como está minha catequese no acolhimento e na amizade com Jesus e meus catequizandos?

FUNDAMENTAÇÃO PARA O CATEQUISTA

Durante a nossa trajetória neste mundo fazemos amigos; alguns são para sempre, outros fazem parte de um período da vida. Embora seja uma necessidade do ser humano, a amizade pode ser uma relação frágil; qualquer palavra "mal dita" pode acabar com ela.

Mas nós temos um amigo que nos ama de uma forma inabalável: Jesus. Ele nos oferece sua amizade e, através de seu acolhimento e respeito, nos deixa livres para aceitá-la ou não.

Ser amigo de Cristo é uma relação baseada na liberdade e no agir guiado pelo amor inspirado pelo Espírito Santo.

Jesus é o nosso principal amigo. Ele é perfeito e foi até as últimas consequências para revelar sua fidelidade, sua amizade para com a humanidade: "Amou-os até o fim" (Jo 13,11), pois "ninguém tem maior amor do que aquele que dá a vida por seus amigos" (Jo 15,13).

Através do acolhimento, Jesus fazia amizades; e muitas pessoas, depois desse acolhimento, aceitavam sua proposta para a salvação. Ele também acolhia e fazia amizades com as crianças: "Deixai vir a mim as crianças e não as impeçais, porque o Reino dos Céus é daqueles como elas" (Mt 19,13-15).

A CELEBRAÇÃO

MATERIAIS

- ✓ Um painel com a imagem de Jesus com crianças.
- ✓ Letras das músicas sugeridas: *Eu tenho um amigo que me ama; Ninguém te ama como eu; Amigos pela fé;* canto de aclamação à escolha.
- ✓ Uma imagem com um pai e uma mãe falando com uma criança, e essa criança de costas para eles, não dando importância ao que lhe dizem.
- ✓ Uma imagem de flores ou árvores danificadas numa praça.
- ✓ Uma imagem de crianças brigando.
- ✓ Um coração de papel com tamanho suficiente para os catequizandos escreverem uma frase.
- ✓ Alfinete ou fita adesiva para colar as imagens em volta da imagem de Jesus no painel.
- ✓ Uma tarja de papel e caneta para cada catequizando escrever.

ACOLHIDA

Canto: *Eu tenho um amigo que me ama.*

Orientações

- ▪ Enquanto todos cantam, dois catequizandos entram com o painel e o colocam no lugar indicado previamente pelo catequista.

- Arrume as cadeiras em semicírculo e coloque o painel na frente dos catequizandos.
- Após a procissão de entrada, inicie a celebração invocando a Santíssima Trindade e fazendo o comentário.

Em nome do Pai e do Filho e do Espírito Santo.

Catequista: Sejam bem-vindas, crianças. Deus nos criou para o amor. Ele nos deu uma família, nos deu uma comunidade. Na comunidade formamos amizades. Todos nós precisamos de amizades, até Jesus precisou de discípulos e amigos para formar uma comunidade e nos mostrar que precisamos uns dos outros. E nessa comunidade o nosso principal amigo é Jesus, que veio até nós para nos salvar.

PEDIDO DE PERDÃO

Orientações

- Após cada pedido de perdão, uma criança entra com as imagens:
  - Imagem com o pai, a mãe e a criança de costas para eles.
  - Imagem de flores ou árvores danificadas.
  - Imagem de crianças brigando.
- Colar cada imagem em volta da imagem de Jesus com as crianças no painel.

Catequista: Catequizandos, vocês aprenderam com seu pai e sua mãe e comigo nesses primeiros encontros de catequese que Jesus veio para nos salvar. Mas nos salvar do quê? Do pecado, dos erros, das nossas maldades com irmãos e amigos. Por isso vamos pedir perdão a Jesus.

Catequizando 1: Perdão, Jesus, pelas vezes que ouvi falar de sua bondade para comigo, mas não dei importância.

Todos: Jesus, perdão.

Catequizando 2: Perdão, Jesus, pelas vezes que não cuidei da natureza e joguei papel no chão, estraguei as flores, destruí uma árvore pequena.

Todos: Jesus, perdão.

Catequizando 3: Perdão, Jesus, pelas vezes que briguei com meus amigos, dizendo palavras impróprias, batendo e machucando as pessoas.

Todos: Jesus, perdão.

PROCLAMAÇÃO DA PALAVRA

Catequista: Jesus Cristo é amigo de todos nós, principalmente das crianças. Ele disse: "Quem se fizer pequeno como esta criança será o maior no Reino dos Céus. E quem receber uma destas crianças em meu nome, é a mim que recebe" (Mt 18,4-5). Eu encontro esse Jesus amigo na Bíblia.

Canto de Aclamação

Enquanto cantam, uma criança faz a procissão com a Bíblia.

✝ Vamos ouvir o Evangelho segundo Mateus 19,13-15.

Pode ser feito por uma criança ou pelo catequista.

REFLEXÃO SOBRE A PALAVRA

- **Catequista**: Nesse texto, Jesus quer as crianças ao redor d'Ele, como amigas. Mas quem é esse Jesus? Lembre-se do que você já ouviu em casa e na catequese sobre Ele. Jesus tinha sua missão na Terra: anunciar o Reino de Deus, fazer milagres e ajudar as pessoas. Realizando essa missão, Jesus fez muitos amigos. Hoje Ele também quer fazer amizade conosco, uma amizade sincera na qual nos pede para amar e respeitar todas as pessoas.

- Vamos refletir um pouco mais sobre o texto bíblico:

  - Leia o texto silenciosamente e marque o versículo que mais lhe chamou atenção.

  - Escreva esse versículo no papel que o catequista lhe der. (Entregar as tarjas de papel e as canetas aos catequizandos.)

  - Leia o versículo em voz alta e leve-o até o painel que seu catequista preparou.

- Releia o texto e preste atenção nas palavras de Jesus, descobrindo nelas os ensinamentos para sua vida que precisam ficar memorizados na mente e no coração.
- Vamos rezar o Pai-nosso.

PEDIDOS A DEUS

Catequista: Jesus, nosso amigo e Filho de Deus, nos diz: "Pedi e Deus lhe dará" (Lc 11,9). Vamos apresentar ao Pai, pelo Filho, os nossos anseios:

Catequizando 1: Senhor, venho humildemente pedir força para não trair a minha amizade com Jesus.

Todos: Meu amigo Jesus, atendei-nos.

Catequizando 2: Senhor, venho pedir para ser perseverante nos ensinamentos de seu Filho Jesus.

Todos: Meu amigo Jesus, atendei-nos.

Catequizando 3: Senhor, com alegria lhe peço ajuda para apreciar e respeitar a nossa casa comum, a Terra, preservando-a e amando-a.

Todos: Meu amigo Jesus, atendei-nos.

Catequizando 4: Senhor, com muito entusiasmo lhe peço sensibilidade para ajudar as pessoas que necessitam.

Todos: Meu amigo Jesus, atendei-nos.

BÊNÇÃO NO SACRÁRIO

Levar os catequizandos para realizar este momento em frente ao Sacrário.

Catequista: Meus queridos catequizandos, quando os amigos se amam de verdade, eles querem estar juntos, visitar uns aos outros, conversar. Mas às vezes a distância nos impede de estar juntos, então, para encurtá-la, nós utilizamos alguns meios como telefone e internet. Jesus, sendo nosso principal amigo, também quer estar conosco, por isso Ele arranjou uma maneira de fazê-lo: a hóstia consagrada. A hóstia consagrada é Jesus presente em nós, vindo nos visitar. Ela fica guardada dentro do Sacrário. Vamos ficar de joelhos de frente para o Sacrário, de frente para o nosso amigo Jesus, e rezar juntos:

Ó Jesus, nosso amigo, pelo Batismo passamos a pertencer à sua família. Nessa família tem uma mesa onde todos se juntam ao redor, que é o altar. Você nos convida a estar contigo na santa missa, onde dá sua vida por nós. Na Eucaristia, é o nosso Pão do Céu. Sinto sua presença amiga no Sacrário. Você é o meu maior Amigo, ninguém me ama como você.

Canto: *Ninguém te ama como eu.*

Catequista: Cada um recebeu um coração. Neste coração vocês vão escrever uma linda mensagem ao nosso grande amigo Jesus. Depois vamos colocar essa mensagem ao lado do Sacrário. E, para encerrar, vamos rezar:

Jesus, meu grande amigo, acredito que está comigo, acredito no seu amor por mim. Quero conversar com você, quero dizer que o amo, mas não quero amá-lo somente com palavras, quero amá-lo também com boas ações. Jesus, faça com que eu ame você com todo meu coração. Em nome do Pai e do Filho e do Espírito Santo. Amém.

Canto Final: *Sugere-se Amigos pela fé.*

LEMBRETE

Catequista, no próximo encontro entregue os corações para os catequizandos guardarem em suas Bíblias e sempre lembrarem o que escreveram para seu amigo Jesus.

BLOCO 3

JESUS TEM MUITO A ENSINAR

10 Palavras que falam ao coração

11 Jesus ensina a acolher

12 Jesus ensina a perdoar

13 Jesus ensina a ter compaixão

14 Jesus ensina a rezar

Celebração

Quando rezarem, façam assim (Entrega da Oração do Senhor)

Jesus apresenta o projeto de vida. Neste terceiro bloco, vamos apresentar aos nossos catequizandos o caminho que Ele nos indica para tornar o Reino de Deus presente na Terra. Os ensinamentos de Jesus nos mostram claramente a opção pelos pobres e mais necessitados. Ele nos ensina como acolher, perdoar, ter compaixão e rezar. Com esses quatro ensinamentos, Jesus nos oferece seu projeto e nos deixa livres para abraçá-lo como nosso ou não.

O itinerário deste bloco inicia explorando a forma de Jesus ensinar, enfatizando como Ele utiliza palavras que falam ao coração. Uma das formas de fazer isso foi com as parábolas, que permitiam associar diferentes conteúdos aos acontecimentos do dia a dia e aos costumes dos lugares. Através das parábolas, como a do Bom Samaritano, Jesus ensina a ter compaixão diante do que acontece ao nosso redor. E em diversas situações, Ele oferece orientações claras para seus seguidores. Na cena com Bartimeu, ensina sobre o acolhimento; na cena da mulher que lava seus pés com suas lágrimas pedindo perdão, Ele ensina a valorizar o arrependimento e a perdoar dando à pessoa novas oportunidades; e quando os discípulos lhe pedem, ensina sobre a oração e como fazê-la. Assim, Jesus mostra qual caminho é preciso percorrer para alcançar a salvação e ser feliz neste mundo.

No final deste bloco, olhamos para o que vivenciamos com os catequizandos e celebramos esses ensinamentos, junto com a comunidade, cientes de que nos servem para participar do projeto que Jesus nos apresenta.

PALAVRAS QUE FALAM AO CORAÇÃO

10

> **Objetivo**
>
> Identificar as várias formas usadas por Jesus para transmitir seus ensinamentos.

LEITURA ORANTE

- Faça uma invocação ao Espírito Santo para iniciar este momento.
- Reze o texto: Mc 4,1-9.
- Questione-se: Que tipo de terreno sou? Um coração duro? Um coração inconstante? Um coração materialista? Ou um coração disponível e bom?
- Reflita: O que o texto diz para mim hoje? Que tipo de frutos meu coração produz? Que tipo de semente sou para meus catequizandos?
- Conclua o momento rezando:

  Meus Deus, como comprometimento com a sua Palavra, vou olhar o mundo e a vida com seus olhos e abrir meu coração para ser uma terra boa e acolhedora. Que eu seja capaz de ver os sinais do seu Reino de amor e justiça em meus catequizandos. Amém!

FUNDAMENTAÇÃO PARA O CATEQUISTA

Jesus se comunicava de diversas formas:

✓ Através de textos curtos, como se usasse o Twitter hoje: "(...) e o Reino de Deus está próximo. Convertei-vos e crede no Evangelho" (Mc 1,15); "Aquele de vós que estiver sem pecado atire-lhe a primeira pedra" (Jo 8,7); "Eu sou o bom pastor. O bom pastor dá a vida por suas ovelhas" (Jo 10,11).

- ✓ Através de toques no corpo. Jesus tocava e se deixava tocar. Para curar ou abençoar uma pessoa, Ele geralmente a tocava. Com o toque, Jesus se comunicava e anunciava o Reino.

- ✓ Através de parábolas. O ser humano gosta de uma boa história, e Jesus contava ótimas histórias para ensinar como fazer parte do Reino de Deus. São curtas e fazem comparações entre o Reino de Deus e a vida cotidiana do povo. Por meio das parábolas, Ele explicava que, para entrar no Reino de Deus, precisamos de atitudes e ações, pois as palavras, por si só, não bastavam (cf. Mt 21,28-32).

- ✓ O Papa Francisco (*Angelus*, 2014a) nos diz que, "Quando fala ao povo, Jesus recorre a muitas parábolas: uma linguagem que todos podem compreender, com imagens tiradas da natureza e das situações da vida diária". Ainda, o Papa Francisco (*Angelus*, 2014a) destaca que a primeira parábola, a do Semeador, é a introdução a todas as outras.

LEIA PARA APROFUNDAR

- ▪ Catequista, sugere-se para seu aprofundamento assistir ao vídeo: ANGELUS DOMINI [Papa Francisco, 13 de julho de 2014]. Versão dublada veiculada por WEB TV Lapa. Disponível em: https://www. youtube.com/watch?v=_EmqOIXVVIA. Acesso em: 13 mar. 2021.

O ENCONTRO

MATERIAIS

- ✓ Bíblia, imagem de Jesus, vela, pano ou papel marrom e sementes.

- ✓ Coloque no chão da sala a Bíblia, a imagem de Jesus e a vela.

- ✓ Por baixo da Bíblia e da imagem de Jesus, posicione o tecido ou papel marrom como se estivesse saindo, representando a terra.

- ✓ Por cima desse tecido/papel, coloque as sementes.

- ✓ Prepare um breve comentário sobre os textos bíblicos das parábolas, propostas na atividade 2, para oferecer aos catequizandos uma visão geral de seus conteúdos.

PARA INICIAR O ENCONTRO

- Para começar o encontro, pergunte: Quem são as pessoas que, quando falam, lhes tocam o coração? Há alguém em sua família que gosta de contar histórias? Quais parábolas de Jesus vocês conhecem?

- Explique o que são parábolas apropriando-se da introdução do encontro. Depois diga que neste encontro irão tratar sobre como Jesus transmitia seus ensinamentos de um jeito que todos aqueles que o ouviam ou procuravam compreendessem.

CRESCER COM A PALAVRA

- Explore o texto que introduz a reflexão sobre a Palavra no livro do catequizando e, depois, convide para a leitura do texto bíblico: Mc 4,1-9.

- Comente sobre os tipos de terra apresentados na parábola. A terra da beira do caminho, onde as sementes caem e os pássaros as comem, representa as pessoas com coração sem profundidade, que desistem facilmente. As pedras do caminho, onde as sementes caem sem alcançar a terra, são as pessoas com coração endurecido, que não entendem nem se esforçam para entender a mensagem. Os espinhos, onde caem as sementes que se perdem, são as pessoas preocupadas apenas com as riquezas, em ter sempre mais, olhando a vida somente a partir de si mesmas sem considerar o coletivo, a comunidade. A terra boa onde as sementes caem e germinam são as pessoas com coração fértil, ou seja, abertas e prontas para ouvir a Palavra, que a acolhem, a protegem e a entendem, de modo que ela produz muitos frutos.

- Oriente-os a realizar a atividade 1.

- Ajude-os a procurar as parábolas sugeridas e realizar a atividade 2.
    - a) Lc 15,11-32 – Filho Pródigo
    - b) Mt 18,12-14 – Ovelha Perdida
    - c) Lc 10,25-37 – Bom Samaritano
    - d) Mc 4,30-32 – Grão de Mostarda
    - e) Lc 18,9-14 – O Fariseu e o Publicano
    - f) Mt 13,1-9 – Semeador
    - g) Mt 25,14-30 – Talentos
    - h) Lc 15,8-10 – Moeda Perdida

- Após localizarem os nomes das parábolas, apresente aos catequizandos uma visão geral do que cada uma delas aborda.
- Motive-os a realizar a atividade 3, na qual deverão escolher uma das parábolas e produzir uma história em quadrinhos sobre o ensinamento que ela traz.

CRESCER NO COMPROMISSO

- Explique aos catequizandos o compromisso do encontro. Oriente-os a fazer o processo corretamente para que sua proposta seja acolhida pela família. Peça que sigam os passos indicados em seu livro.
- Incentive-os a escrever sobre essa experiência.

CRESCER COM A ORAÇÃO

- Antes da oração, motive-os a silenciar. Oriente-os a se concentrar na própria respiração enquanto mantêm silêncio
- Convide-os para ficar em pé e inicie a oração proposta no livro do catequizando.

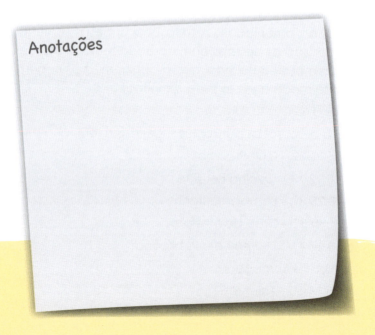

Anotações

JESUS ENSINA A ACOLHER

11

Objetivo

Analisar o exemplo de Jesus no acolhimento às pessoas e sua importância na vida de quem o segue.

LEITURA ORANTE

- Antes de iniciar este momento procure ouvir a canção *Igual a Bartimeu*, do Padre Zezinho.

- Reze o texto: Mc 10,46-52.

- Reflita concentrando-se nas seguintes questões: Igual ao cego Bartimeu, estou pronto para me socorrer em Cristo? Estou pronto para segui-lo? Consigo ver os marginalizados de hoje?

FUNDAMENTAÇÃO PARA O CATEQUISTA

No tempo de Jesus, fé, política, saúde e sociedade misturavam-se; tudo era relacionado à religião. Os doentes eram mantidos afastados porque eram considerados castigados e abandonados por Deus; as pessoas acreditavam que eles contaminavam os "puros" (saudáveis) e os religiosos.

Jesus, porém, mostra claramente que essas atitudes não são corretas e faz o contrário do que os sacerdotes do Templo faziam e diziam.

Jesus, em sua prática, demonstra um gesto acolhedor em diversas ocasiões. Ele mostra que quem tem amor no coração age fazendo o bem ao próximo e atendendo-o em suas necessidades. Ele causa ainda mais admiração porque, além de não cumprir as leis que discriminavam doentes e pobres, declara que o Reino de Deus é para eles (cf. Mt 5,3).

> Jesus compartilha a vida dos pobres, desde a manjedoura até a cruz; conhece a fome, a sede e a indigência. Mais ainda: identifica-se com os pobres de todos os tipos e faz do amor ativo para com eles a condição para se entrar em seu Reino. (ClgC, n. 544)

Entre os motivos da fúria de líderes religiosos da época de Jesus estavam a sua maneira de acolher os marginalizados e a sua predileção pelos pobres. Sensível aos mais fracos, Jesus ouve Bartimeu em meio aos ruídos da multidão; dá sua atenção total a ele, aquele que necessita, enquanto a multidão espera.

No Evangelho de João vemos Jesus acolhendo Nicodemos (membro judeu do Senado), a samaritana (mulher do povo marginalizado e discriminado), o centurião romano (funcionário pagão); e Jesus acolhe a todos sem distinção de etnia, de credo, de condição social, de gênero, não importando se eram publicanos, fariseus, prostitutas, doentes, marginalizados, crianças, viúvas e pecadores.

A partir do contato de Jesus com os pecadores, aprendemos que primeiramente Ele acolhia e amava as pessoas para, só depois, dar normas morais ("vá e não peque mais") com a intenção de que mudassem seu modo de viver.

O ENCONTRO

MATERIAIS

- ✓ Cantos sugeridos: *Igual a Bartimeu*, do Padre Zezinho, e *Sagrado Coração*, de Rinaldo e Samuel.

- ✓ Um painel com a imagem do Sagrado Coração de Jesus, com o coração em destaque para os catequizandos colarem imagens e corações menores.

- ✓ Uma imagem com pessoas sendo marginalizadas e discriminadas para cada catequizando escrever a frase: "*Jesus, me ajude a acolher as pessoas sem discriminação, como o Senhor fazia*".

✓ Um coração pequeno, feito em cartolina vermelha, para os catequizandos escreverem a frase: "*Jesus, eu, (nome do catequizando), quero ter um coração semelhante ao vosso, amém!*".

PARA INICIAR O ENCONTRO

✓ Acolha o grupo com a música *Igual a Bartimeu* (Padre Zezinho).

- Para iniciar o encontro, converse com seus catequizandos sobre discriminação e preconceito.

- Ouça o que sabem sobre esse assunto; diga a eles que essas atitudes sempre existiram, mas que não são atitudes de quem aprende com Jesus. Mostre ou conte a eles notícias de discriminação e preconceitos que estão acontecendo hoje na sociedade e repercutem na mídia.

- Leia com o grupo a introdução do tema. Diga que neste encontro irão descobrir o que Jesus ensina sobre acolhimento e sobre evitar a discriminação em nossas ações.

CRESCER COM A PALAVRA

- Explore o texto que introduz a reflexão sobre a Palavra e, depois, convide para a leitura do texto bíblico.

- Realize a reflexão do texto bíblico.

- Oriente os catequizandos nas atividades 1, 2 e 3.

CRESCER NA ORAÇÃO

- Explique que ser cristão é ser contra qualquer tipo de discriminação e preconceito, e que a principal atitude de um cristão é acolher a todos com carinho e amor.

- Oriente-os a realizar a atividade das imagens e do coração. Depois, motive-os a fazer um gesto simbólico para manifestar seu desejo de se tornar uma pessoa acolhedora, semelhante a Jesus. Convide-os a ir em procissão e em silêncio até a Imagem do Sagrado Coração de Jesus e, colocar próximo a ela, a sua frase e o seu coração de papel.

- Enfatize que esse gesto simboliza o desejo de se tornar uma pessoa acolhedora, a exemplo de Jesus.

- Convide-os a ouvir a canção *Sagrado Coração* (Rinaldo e Samuel).
- Compare a canção com a atitude de acolhimento de Jesus para conosco.
- Por fim, reze a oração com os catequizandos.

CRESCER NO COMPROMISSO

- Fale que Deus coloca à nossa frente pessoas ou acontecimentos para percebermos a nossa missão de acolher a todos.
- Peça para fazerem a atividade do compromisso em família e registrar a oração numa folha de papel, trazendo-a para o próximo encontro.

LEMBRETE
Inicie o próximo encontro com uma ou mais orações que eles trouxerem.

Anotações

JESUS ENSINA A PERDOAR

12

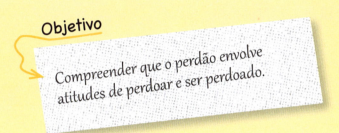

Objetivo

Compreender que o perdão envolve atitudes de perdoar e ser perdoado.

LEITURA ORANTE

- Durante a leitura, coloque-se perante Deus como a mulher do texto e faça seu pedido, seu agradecimento, seu louvor. Diga: *"Eu sou um pecador e preciso do seu perdão, meu Deus; preciso de um coração misericordioso igual ao seu, Jesus, para ter a capacidade de perdoar"*.
- Se prepare para este momento rezando:

  Jesus, iluminai-me para que eu possa compreender melhor a vossa Palavra. Fazei com que eu seja fiel ao vosso seguimento. Transformai meu coração, minha vida, em terra boa, onde a Palavra de Deus produza frutos abundantes de fidelidade à missão.
- Reze o texto: Lc 7,36-50.

FUNDAMENTAÇÃO PARA O CATEQUISTA

No Antigo e Novo Testamentos, o perdão de Deus é como uma "costura" que une Ele e a humanidade. O perdão do Pai é a expressão máxima do seu amor, da sua bondade e misericórdia para conosco.

Mesmo quando o homem rompe com Deus, Ele não se afasta, porque sempre está disposto a nos perdoar.

Jesus também se apresenta nos Evangelhos, sempre acolhedor para o perdão. Além da passagem da mulher pecadora que lava os pés de Jesus com perfume e os enxuga com seus cabelos (Lc 7,36-50), vemos esse perdão nos encontros com Zaqueu, Mateus, Maria Madalena, os inimigos, na agonia da cruz.

O Papa Francisco (*Angelus*, 2013) destaca o valor e a importância da misericórdia e do perdão hoje:

> Deus jamais se cansa de nos perdoar. Nós é que nos cansamos de pedir perdão. Temos de aprender a ser misericordiosos com todos. Vocês já pensaram na paciência que Deus tem com cada um de nós? É a sua misericórdia: Ele nos compreende, nos recebe, não se cansa de nos perdoar se soubermos voltar a Ele com o coração arrependido. É grande a misericórdia do Senhor!

O Catecismo da Igreja Católica, em seu número 2840, também diz: "A misericórdia divina não pode alcançar nosso coração se não soubermos perdoar aqueles que nos ofendem". Em Cl 3,12-15, ainda, encontramos o entendimento de que o comportamento cristão, baseado na comunhão com Cristo Jesus, exige o perdão mútuo.

O ENCONTRO

MATERIAIS

- ✓ Uma bolinha de pingue-pongue ou de isopor para cada catequizando.
- ✓ A imagem de Jesus Misericordioso junto à Bíblia na mesa.

PARA INICIAR O ENCONTRO

- Inicie com a atividade da oração do encontro anterior, proposta no compromisso.
- Explore o texto introdutório questionando o que compreendem sobre misericórdia e pecado.
- Motive-os a pensar sobre como reconstruiriam o texto do diálogo.

CRESCER COM A PALAVRA

- Motive os catequizandos a se prepararem para ouvir a Palavra rezando a oração em seus livros.

- Leia com o grupo o texto: Lc 7,36-50.

- Converse a partir do texto bíblico sobre o que é perdoar. Pergunte aos catequizandos se sabem o que é perdão e o que é pecado. Explique que existem muitas formas de pecar: invejar, ofender, cometer injustiça, brigar, desejar o mal a outra pessoa. Todos esses pecados prejudicam quem os comete e quem é vítima deles.

- Diga que Deus não gosta quando pecamos, pois a vontade d'Ele é de que procuremos a união, a paz e o perdão verdadeiros.

- Realize a dinâmica da bolinha.

  - Entregue uma bolinha, que pode ser de pingue-pongue ou similar, para cada catequizando.

  - Explique que essa bolinha representa um pecado que alguém cometeu contra eles, por exemplo: alguém lhe atirou uma pedra que o machucou, xingou-o com alguma palavra feia, o magoou-o ou bateu fisicamente. Peça para imaginarem que eles ficaram com muita raiva dessa pessoa, e essa raiva está na bolinha.

  - Oriente para segurarem a bolinha na mão dominante, aquela que eles mais utilizam para realizar as atividades do dia a dia.

  - Segurando a bolinha (enfatize que não podem abrir a mão de maneira nenhuma), peça para realizarem algumas atividades: bater palmas; posicionarem-se em círculo pegando na mão do colega; fazer de conta que estão enviando uma mensagem no celular; escrever uma palavra em um papel.

- Oriente-os a realizar as atividades 2 e 3, analisando com eles as respostas que derem.

- Encerre comentando o texto no final deste item, que está no livro do catequizando.

CRESCER NA ORAÇÃO

- Enfatize a importância de perdoar e de pedir perdão às pessoas e a Deus quando os magoamos.

- Oriente os catequizandos a ficarem em silêncio. Peça para pensarem nas vezes que magoaram ou ofenderam alguém, e também nas vezes que se afastaram de Deus com atitudes de violência, desobediência, agressividade. Peça para pensarem, ainda, em uma das pessoas que eles magoaram.

- Oriente para que coloquem uma dessas pessoas na intenção da oração.

CRESCER NO COMPROMISSO

- Reflita com os catequizandos sobre a parte da oração do Pai-nosso que fala sobre o perdão. Explore a relação do Pai-nosso com o texto bíblico.

- Explique a atividade para realizarem durante a semana e incentive-os a escrever a experiência no livro.

- Encerre o encontro com a oração do Pai-Nosso.

LEMBRETE

Durante a semana, utilize o WhatsApp para enviar aos catequizandos uma mensagem para não se esquecerem de realizar o compromisso e relatar a experiência.

JESUS ENSINA A TER COMPAIXÃO

13

Objetivo

Reconhecer que ter compaixão, de acordo com o que Jesus ensinou, é estar próximo da pessoa que sofre.

LEITURA ORANTE

- Silencie e faça sua oração pessoal, preparando-se para a leitura orante.

- Reze o texto: Lc 10,25-37.

- Reflita: Estou sendo o próximo de alguém? Coloco-me próximo dos meus catequizandos e de suas famílias?

FUNDAMENTAÇÃO PARA O CATEQUISTA

A parábola do Bom Samaritano nos desafia a superar todo e qualquer tipo de preconceito racial, social, sexual ou religioso. Sem abandonar nossa fé cristã, não podemos deixar que algo nos impeça de ter gestos de caridade pelo nosso próximo. É isso que Jesus nos pede ao afirmar: "Vai e faze tu a mesma coisa" (Lc 10,37).

Vivemos em uma época na qual cada um só pensa em si e esquece o próximo. Não podemos ficar perguntando "Quem é o meu próximo?", muito menos "De quem eu sou o próximo?". Não devemos esperar que alguém sempre nos ajude, e sim ir ao encontro das pessoas que necessitam de ajuda. Jesus nos ensina, com essa parábola, que não basta amar o próximo de um jeito humano; é preciso amá-lo com a mesma compaixão que Deus tem por todos os homens, assim como Ele fez.

Jesus mostra compaixão sem fazer distinção entre pessoas – cura a sogra de Pedro, perdoa a mulher pecadora (Lc 4,38s; 7,36-47), é sensível com a multidão que age como ovelhas sem pastor (Mt 9,36-47). A compaixão de Cristo para com os doentes e as numerosas curas são sinais de que Deus visitou seu povo (Lc 7,16) e de que o Reino de Deus está próximo. A compaixão de Jesus para com os sofredores é tão grande que o faz se identificar com eles: "Estive doente e me visitastes" (Mt 25,36). Com Jesus, os discípulos aprendem uma nova compreensão da doença e dos doentes.

Hoje, o individualismo impera na sociedade e faz com que ela esqueça a compaixão, tornando-se incapaz de enxergar quem são os próximos em necessidade. O Papa Francisco (*Angelus*, 2019) refletiu sobre a compaixão:

> Ser capaz de ter compaixão: eis a chave! Esta é a nossa chave. Se diante de uma pessoa necessitada não sentires compaixão, se o teu coração não se comover, quer dizer que algo está errado. Presta atenção, prestemos atenção! Não nos deixemos arrastar pela insensibilidade egoísta! A capacidade de compaixão tornou-se a pedra de toque do cristão, aliás, do ensinamento de Jesus.

O ENCONTRO

MATERIAIS

- ✓ Imagens de pessoas sofrendo: doentes, passando fome, morando nas ruas, pobres (crianças descalças, famílias debaixo de pontes...).
- ✓ Uma cruz com Cristo.
- ✓ Uma mesa com Bíblia, vela e flores.
- ✓ Na frente da mesa, um tecido (cor de sua preferência).
- ✓ No tecido, as imagens das pessoas.

✓ No meio das imagens, a cruz.

✓ Essa ambientação pode ser feita no centro da sala.

PARA INICIAR O ENCONTRO

- Leia com os catequizandos a introdução do encontro. Questione o que sabem sobre ter compaixão com as pessoas; se veem atitudes de compaixão nos lugares que visitam, frequentam.

- Comente o que é compaixão e esclareça que neste encontro irão entender melhor o que Jesus ensina sobre ela, como atitude esperada de um cristão.

CRESCER COM A PALAVRA

- Explore o texto que introduz a reflexão sobre a Palavra e, depois, convide para a leitura do texto bíblico: Lc 10,25-37.

- Comente como Jesus apresenta a compaixão no texto bíblico.

- Conte a seguinte história aos catequizandos para exemplificar a compaixão:

Numa cidade pequena morava um homem apelidado de Velho do Saco. Ele era um mendigo maltrapilho que pedia comida a todos. As crianças xingavam e debochavam do Velho do Saco. As pessoas não se importavam muito com ele. Uma catequista da paróquia resolveu mobilizar os catequizandos para ajudar o homem. Eles levaram o Velho do Saco para um albergue, onde ele tomou banho e se alimentou. Depois, conseguiram para ele emprego em um mercado da cidade e uma casa para morar, com a ajuda da Ação Social do município. Os catequizandos e os moradores do lugar, então, viram que aquele maltrapilho era um ser humano...

- Faça os seguintes questionamentos aos catequizandos:

  - Por que demoraram tanto para ajudar o homem?

  - Por que as crianças debocham de pessoas como ele?

  - O que você faria ao ver uma pessoa como ele em seu caminho?

  - Será que o homem tinha um nome? Apelido é bom?

- Retome o que significa compaixão. Alguém teve compaixão para com o Velho do Saco? Qual foi a atitude da pessoa que se compadeceu dele?

- Compare a atitude da catequista com a que Jesus ensina na parábola do Bom Samaritano.

- Oriente os catequizandos a realizarem as atividades 1 e 2.

  - Respostas da atividade 1: Ajudar a quem precisa; Cuidar; Dar atenção; Prestar socorro.

CRESCER NA ORAÇÃO

- Enfatize que a oração nos ajuda a entender melhor os ensinamentos de Jesus.

- Incentive cada catequizando a elaborar sua oração e peça para rezá-la diante do grupo.

- Se eles tiverem dificuldades em elaborar a oração, proponha realizar uma oração coletiva.

CRESCER NO COMPROMISSO

- Leia com os catequizandos a história:

O catequista Célio estava indo para casa, já eram 22 horas. Ele estava numa reunião do Conselho Paroquial de Ação Evangelizadora (CPAE) da paróquia. Célio morava num sítio, no município de União da Vitória, afastado da cidade. Chegando perto da ponte antes de sua casa, ele viu, com a luz do carro iluminando o lugar, uma pessoa caída no chão, próximo a uma bicicleta. Era uma noite fria. Ele pensou em parar o carro e ver o que aconteceu, mas ficou com medo de sofrer um assalto e resolveu seguir adiante. Chegando em casa, contou o acontecido à esposa e estava muito incomodado com a situação: "E se a pessoa sofreu um acidente e estava precisando de ajuda? E se eu sou o próximo dessa pessoa?". A esposa deu a ideia de ligar para a polícia. Célio fez isso, e os policiais disseram que logo uma viatura chegaria ao local. Para se certificar de que a pessoa realmente teria ajuda, Célio dirigiu até a ponte novamente e ficou esperando, a uma certa distância segura, a viatura vir. Não demorou muito e a viatura chegou. Real-

mente era um acidente, foi necessário chamar os bombeiros e levar a pessoa ferida para o hospital. Célio soube que a pessoa se recuperou do acidente.

- Pergunte sobre a história: Quem é o próximo do Célio nessa situação? Ele fez certo em não parar? Por quê? Qual seria a atitude de vocês?
- Converse novamente sobre compaixão e as atitudes corretas de um cristão perante o próximo que necessita de ajuda.
- Peça para olharem as imagens da ambientação no centro da sala e oriente a responderem à questão: "De quem eu devo ser o próximo?".
- Faça a proposta do compromisso para a semana e oriente a anotarem no livro a sensação de realizá-lo.

LEMBRETE

Através de mensagens via WhatsApp, recorde os catequizandos de realizarem essa atividade durante a semana.

Anotações

14 JESUS ENSINA A REZAR

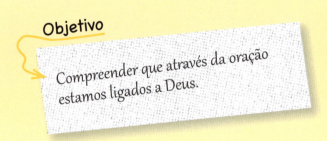

Objetivo: Compreender que através da oração estamos ligados a Deus.

LEITURA ORANTE

- Prepare-se para este momento invocando o Espírito Santo:

    Vem, Espírito Santo, iluminar minha mente, vem tocar o meu coração, vem me dar coragem perante a verdade que lerei. Que eu seja profundamente renovado pela tua Palavra. Amém!

- Reze o texto: Mt 6,9-13.
- Reflita: O que essa Palavra tem a dizer para mim? O que essa Palavra me leva a dizer para Deus? Qual meu novo olhar a partir dessa Palavra?

FUNDAMENTAÇÃO PARA O CATEQUISTA

Jesus, o Filho de Deus, aprendeu a rezar conforme seu coração humano. Aprendeu com Maria, sua mãe (cf. Lc 1,49; 2,19; 2,51), na sinagoga de Nazaré e no Templo, com a oração do seu povo.

Jesus rezou nos momentos decisivos de sua missão, como antes do seu Batismo (Lc 3,21) e de escolher os doze (Lc 6,12), na transfiguração (Lc 9,28) e antes de sua morte (Lc 22,41).

Em nossas vidas também passamos por momentos difíceis. Para vencê-los, precisamos da ajuda de Deus Pai, a quem devemos e podemos recorrer pela oração.

Os discípulos viram Jesus rezar muitas vezes, e perceberam como Ele se tornava íntimo de Deus nesses momentos. Jesus transmitiu aos discípulos esse modelo de intimidade com Deus, e nós também o recebemos. Rezando, Ele nos ensina a rezar.

De maneira muito especial, Jesus nos diz que, em nossa oração, devemos dizer "Pai nosso..." (cf. Mt 6,9). Mas Ele chama a atenção: essa oração não deve ser pronunciada apenas com palavras, mas deve sair do coração, pois ao rezar o Pai-nosso nos aproximamos da experiência de Jesus de nos sentirmos filhos de Deus. Com seu exemplo orante, Ele nos ensina que a oração é uma relação, um encontro, entre Deus e o ser humano. Jesus testemunhou com sua experiência que a prática da oração nos torna íntimos de Deus e nos leva a chamá-lo de Pai.

LEIA PARA APROFUNDAR

- Catecismo da Igreja Católica, números 2798 e 2800.
- VATICAN NEWS. Palavras do Santo Padre, Homilia do Papa Francisco, Celebração matutina transmitida ao vivo da Capela da Casa Santa Marta, 10 de maio de 2020. Disponível em: https://www.vaticannews.va/pt/palavra-do-dia/2021/03/18.html. Acesso em: 24 out. 2021.

O ENCONTRO

MATERIAIS

✓ Um pedaço/tarja de papel para cada catequizando.

✓ Para cada catequizando, um envelope com um cartão que traz a seguinte oração:

Senhor Jesus,
Abençoe meu(minha) amigo(a): _____. Que ele(a) seja sempre alegre, mas se alguma coisa que eu fizer deixá-lo(a) triste, peço-Lhe que o(a) ajude a me perdoar. Que ele(a) seja sempre uma pessoa de paz, mas se ele(a) vier a cometer alguma violência em sua vida, ajude-o(a), ó Deus, a superar esse momento. Por favor, meu Deus, não o(a) deixe cair em tentações, como as drogas, a corrupção e a violência. Amém!

- ✓ Providencie a letra da canção: *Orar costuma fazer bem* (Padre Zezinho).

- ✓ Várias imagens de pessoas rezando.

- ✓ Imagens de alguns santos, como Santa Dulce dos Pobres, Santa Teresa de Calcutá, Santa Paulina e São Francisco.

- ✓ Pacote, sacola ou vasilha para os catequizandos colocarem os papéis do amigo secreto de oração.

- ✓ Tecido para compor a ambientação.

- ✓ Coloque as imagens das pessoas rezando e dos santos em cima do tecido, no centro da sala.

PARA INICIAR O ENCONTRO

- Pergunte aos catequizandos se têm o hábito de rezar e em que situações o fazem.

- Leia o texto introdutório do encontro, comentando que neste encontro irão conhecer como Jesus rezava e ensinou seus discípulos a rezarem. Depois, explique que o ensinamento de Jesus passou entre gerações até hoje.

- Questione se os catequizandos têm o costume de rezar. Pergunte se rezam sozinhos ou com a família. Peça para dizerem quais orações fazem.

- Comente que rezar é parte da vida de um cristão.

CRESCER COM A PALAVRA

- Leia com o grupo o texto: Mt 6,9-13.

- Converse com os catequizandos sobre Jesus ser um homem de oração, e sobre seu testemunho ter despertado o desejo dos discípulos de aprenderem a rezar para se aproximarem de Deus Pai.

- Para que os catequizandos compreendam melhor o Pai-nosso, oriente-os na realização da atividade 1, explicando a oração.

a) Nós somos filhos, Deus é nosso Pai celeste; somos todos irmãos, o mundo é uma grande família: Pai nosso.

b) O Reino de Deus é um Reino de paz, amor e felicidade. Quando pedimos o Reino, estamos pedindo que venha a paz, o amor e a felicidade da presença de Deus: Venha a nós, o vosso reino.

c) Deus é Pai e, como Pai, a vontade d'Ele é o melhor para nós. Ele quer nossa felicidade e, como bons filhos que somos, fazemos a sua vontade, buscando viver em paz, praticando o amor e sendo felizes: Seja feita a vossa vontade, assim na terra como no Céu.

d) Pedimos a Deus que não falte alimento em nossas mesas e nas mesas das demais pessoas. O pão nos dá força para levar o Reino de Deus a todas as pessoas: O pão nosso de cada dia nos dai hoje.

e) Reconhecemos que somos pecadores e precisamos do perdão de Deus, mas seremos perdoados à medida que perdoarmos as pessoas que nos ofendem: Perdoai as nossas ofensas, assim como nós perdoamos a quem nos tem ofendido.

f) Pedimos a Deus para nos livrar de toda tentação que nos leve ao pecado, que possa fazer mal ao nosso próximo, que nos leve a nos afastar d'Ele: E não nos deixeis cair em tentação.

g) Deus é um Pai que nos defende de todo o mal. Pedimos a Deus ajuda para lutar contra o mal e confiar em sua proteção: Mas livrai-nos do mal. Amém!

- Motive os catequizandos a realizarem a atividade 2, enfatizando os vários momentos, sentimentos e tipos de orações de Jesus.

Lc 6,12: Noite

Mc 1,35: Manhã

Lc 10,21: Nas alegrias

Lc 22,41: Com confiança

Jo 17,1-5: Na tristeza

Lc 11,5-8: Com perseverança

Lc 11,11-13: Pedindo

CRESCER NO COMPROMISSO

- Fale da beleza da oração do Pai-nosso.

- Comente outras orações que todos nós aprendemos, como Ave-Maria, Glória e Santo Anjo, incentivando-os a mencionar quais conhecem e rezam.

- Incentive os catequizandos a assumirem como compromisso o convite de rezarem em família, motivando as pessoas de sua casa a realizarem momentos de oração antes das refeições, antes de dormir, ou em outras ocasiões.

- Enfatize a importância de rezar o Pai-nosso todos os dias em família ou sozinhos.

CRESCER NA ORAÇÃO

- Fale sobre a importância da oração e pergunte quem nos ensina a rezar.

- Motive os catequizandos para participarem da dinâmica Amigo Secreto da Oração.

  - Distribua um pedaço de papel/tarja para cada catequizando.

  - Peça para escreverem o nome e dobrarem o papel.

  - Coloque esses papéis no recipiente providenciado (pacote de papel, sacola...).

  - Peça para cada um escolher um papel e ver quem é seu Amigo Secreto da Oração. Diga para os catequizandos não mostrarem a ninguém, por isso chama-se "amigo secreto".

  - Entregue o envelope com a oração para cada catequizando.

  - Peça que escrevam no espaço em branco o nome do amigo secreto.

  - Em silêncio, oriente a rezarem a oração colocando esse amigo em suas intenções.

- Oriente a fazerem essa oração todos os dias para o amigo secreto.

- Esclareça que, no próximo encontro, será realizada a revelação do Amigo Secreto da Oração (se for oportuno, combine com eles para cada um trazer um marcador de páginas com uma bela oração para entregar ao amigo).

- Encerre o momento com a oração do livro do catequizando e a canção *Orar costuma fazer bem* (Padre Zezinho).

Anotações

Celebração

QUANDO REZAREM, FAÇAM ASSIM
(Entrega da Oração do Senhor)

Objetivo

Compreender a importância da oração do Pai-nosso.

LEITURA ORANTE

- Prepare-se para a celebração realizando a leitura orante do Evangelho do dia.

- Finalize a leitura orante pedindo a Deus para que a Oração do Senhor seja como um caminho na vida dos catequizandos e de suas famílias.

FUNDAMENTAÇÃO PARA O CATEQUISTA

O Pai-nosso é chamado de Oração do Senhor, pois é a prece dirigida ao nosso Pai que nos foi ensinada e legada pelo Senhor Jesus. Um dos discípulos lhe pediu: "Senhor, ensina-nos a rezar como João ensinou seus discípulos" (Lc 11,1). E Jesus ensinou, então, a oração do Pai-nosso.

A oração do Pai-nosso traz sete pedidos. Três desses pedidos se referem ao Pai: "Santificado seja o vosso nome; venha a nós o vosso reino; seja feita a vossa vontade". E quatro pedidos se referem a nós, às nossas necessidades: "O pão de cada dia nos dai hoje; perdoai-nos as nossas ofensas; e não nos deixeis cair em tentação; mas livrai-nos do mal".

A oração do Pai-nosso está baseada em nossa realidade, pois Jesus coloca todas as nossas necessidades nela. O Papa Francisco, a esse respeito, reflete (*Audiência Geral*, 2018):

> A oração do "Pai-Nosso" afunda as suas raízes na realidade concreta do homem. Por exemplo, faz-nos pedir o pão de cada dia: pedido simples, mas essencial, o qual diz que a fé não é uma questão "decorativa", separada da vida, que intervém quando todas as outras necessidades foram satisfeitas.

LEIA PARA APROFUNDAR

- Para aprofundar, sugere-se a leitura do Catecismo da Igreja Católica, números 2759 a 2865.

A CELEBRAÇÃO

MATERIAIS

- ✓ Coloque a Bíblia em destaque, tendo ao lado uma vela (que será acesa no início da missa).
- ✓ Prepare a oração do Pai-nosso para cada catequizando de forma criativa em papel-cartão (por exemplo, imitando um pergaminho). Cole uma figura de Jesus junto à oração.
- ✓ Deixe as orações separadas para entregá-las.
- ✓ Faça um bonito cartaz com a frase: NINGUÉM É TÃO AMOROSO COMO DEUS, NOSSO PAI! Coloque-o junto ao altar onde todos poderão ler.

ORIENTAÇÃO

- Realizar essa celebração na missa da comunidade.

ACOLHIDA

Catequista: Queridos catequizandos, queridas catequizandas, querida comunidade, nesta celebração queremos agradecer a Jesus que nos ensinou que Deus é Pai; um Pai que ama cada um de seus filhos com amor de predileção. Enquanto cantamos, acompanhemos a procissão de entrada.

SAUDAÇÃO

(Presidente da celebração.)

Prossegue com o Ato Penitencial até a Homilia.

ENTREGA DA ORAÇÃO DO PAI-NOSSO

Catequista: O Pai-nosso é a "Oração do Senhor". Isso significa que a prece que dirigimos ao Pai nos foi ensinada pelo Senhor Jesus.

Catequizando: Um dia, os amigos de Jesus pediram que Ele os ensinasse a rezar. E Jesus ensinou uma oração para rezarem quando quisessem falar com Deus. Essa oração continua a ser até hoje a oração dos cristãos. Com a oração do Pai-nosso, Jesus nos ensina que somos irmãos, porque nosso Pai é um só.

Presidente da celebração: Os primeiros seguidores de Jesus aprenderam de cor essa oração, isto é, de coração, com as palavras brotando do coração de filhos que amam e se sabem muito amados. Vocês, queridos catequizandos, já conhecem esta Oração do Senhor, mas irão recebê-la com este gesto de entrega da Igreja. Com essa entrega queremos marcar no coração de cada um as palavras ensinadas por Jesus, para que sempre se lembrem de que todos nós somos filhos do mesmo Pai!

Catequizando: Receber esta oração mostra que aceitamos viver como filhos de Deus e irmãos uns dos outros.

Presidente da celebração: Vocês querem receber o Pai-nosso, a oração que Jesus nos ensinou?

Catequizandos: Sim, queremos.

Presidente da celebração: Vocês querem guardar essa oração no coração, como quem guarda um tesouro muito valioso, e procurar viver essas palavras com alegria e entusiasmo?

Catequizandos: Sim, queremos.

Presidente da celebração: Queridos catequizandos, recebam a Oração do Senhor e procurem rezá-la sempre, como sinal do amor de vocês ao Pai do Céu.

Catequizandos: Amém!

Presidente da celebração: (Nome do/a catequizando/a), receba o Pai-nosso que Jesus nos ensinou! Reze todos os dias esta oração, demonstrando seu amor a Deus Pai.

Catequizandos: Amém!

Presidente da celebração: Oremos. Senhor Deus, nosso Pai, concede a estes catequizandos e catequizandas a graça de conservarem no coração os ensinamentos e as palavras de teu Filho Jesus, para que, unidos a Ele, vivam sempre como teus filhos adotivos. Por Nosso Senhor Jesus Cristo, teu Filho, na unidade do Espírito Santo.

Todos: Amém!

Segue com a missa até o final.

Anotações

JESUS, DOAÇÃO E SERVIÇO

15 Sinais de vida nova

16 Jesus ensina a servir

17 A cruz é sinal de amor

18 Permanecei no meu amor

19 Sou chamado a formar comunidade no amor

20 Encontro celebrativo
Jesus ensina a amar

Neste último bloco, vamos compreender que Jesus, ao expressar seu amor, se torna um servo e com seu exemplo nos ensina a servir nossos irmãos e irmãs. Não podemos esquecer que seu amor é dirigido a todos, de modo particular aos pobres, aos excluídos, aos necessitados. Ensina-nos que ser Mestre e Senhor não significa ser alguém maior, e sim ser o primeiro a servir a quem precisa.

O bloco tem início apresentando aos catequizandos os milagres de Jesus. Esses milagres são sinais da glória de Deus, e convites para todos terem uma vida nova. Para isso, os encontros percorrem o caminho da compreensão sobre: o modo de servir o nosso próximo, proporcionando a felicidade ao servido e a quem serve; a percepção de que Jesus foi até o extremo por amor à humanidade, deixando-se pregar na cruz. Nesse caminho veremos o pedido de Jesus para permanecermos no seu amor, ensinando-nos a maneira de fazer isso: amar a todos como Ele nos ama. Com todos esses ensinamentos, descobrimos com Ele como formar uma comunidade no amor, sendo membros de um só corpo, o Corpo de Cristo, através da Igreja e da comunidade. Por fim, celebramos o ensinamento de Jesus sobre o que é amar como Ele amou.

SINAIS DE VIDA NOVA 15

> **Objetivo**
>
> Entender os milagres de Jesus como manifestação de Deus na vida das pessoas.

LEITURA ORANTE

- Antes de iniciar este momento pacifique seu interior buscando o silêncio, aquietando a sua mente, deixando de lado as preocupações e tarefas a realizar. Concentre-se no seu encontro com o Senhor.

- Invoque o Espírito Santo para melhor compreender a Palavra de Deus.

- Reze o texto: Mt 12,9-13.

- Silencie para ouvir a voz de Deus, deixe Deus falar.

- Reflita sobre os gestos de Jesus. Tente perceber os sinais de Deus em sua vida.

FUNDAMENTAÇÃO PARA O CATEQUISTA

Os milagres são sempre sinais de Deus agindo em favor do povo. Nesse sentido, os milagres realizados por Jesus, também chamados de sinais, manifestam a glória de Deus.

> Os sinais operados por Jesus testemunham que o Pai o enviou. Convidam a crer nele. Aos que a Ele se dirigem com fé, concede o que pedem. Assim os milagres fortificam a fé naquele que realiza as obras de seu Pai: testemunham que Ele é o Filho de Deus... não se destinam a satisfazer a curiosidade e os desejos mágicos. (ClgC, n. 548)

O interesse de Jesus ao realizar os milagres não é fazer espetáculos, mas mostrar a origem e a autenticidade de sua missão, apresentar o projeto do Reino de Deus. Jesus, ao realizar milagres, convida as pessoas para adotarem o projeto do Pai. Ele não permite que seus seguidores parem sua caminhada nos milagres; é necessário avançar, dar um segundo passo na fé, o passo do conhecimento e do seguimento a Jesus.

No Evangelho de Lucas 23,8-9, vemos Jesus negando-se a atender ao pedido do Rei Herodes, que queria se divertir com os seus milagres. O texto é como um alerta contra a tentação de fazer trocas com Deus apenas para receber uma intervenção extraordinária, um milagre.

Muitos, na época de Jesus, não foram curados por falta de fé. Isso deixava Jesus admirado, pois queriam tudo fácil; queriam se libertar da dor, da doença, e não queriam uma conversão verdadeira (cf. Mc 6,6). Sobre isso, Papa Francisco (VATICAN NEWS, 2018) reflete:

> Este é um bom teste de como seguimos Jesus: por interesse ou não? Refrescar a memória: as duas perguntas. O que Jesus fez por mim, na minha vida, por amor? E vendo isso, o que tenho que fazer por Jesus, como eu respondo a esse amor? E assim seremos capazes de purificar a nossa fé de todo interesse. Que o Senhor nos ajude neste caminho.

O ENCONTRO

MATERIAIS

- ✓ Tarjas de papel em número igual ao de catequizandos.
- ✓ Escreva em cada tarja uma citação bíblica dos milagres de Jesus (distribua as citações que contemplem os três tipos de milagres: de cura, do poder de Jesus sobre a natureza e da ressurreição).
- ✓ Mural com uma imagem de Jesus realizando um milagre.
- ✓ Escreva em volta da imagem a frase: MILAGRES DE JESUS.
- ✓ Uma folha de papel A4 (estilo sulfite) para cada catequizando.

Milagre de cura	Mateus	Marcos	Lucas	João
Um leproso	8,2-4	1,40-42	5,12-13	
O servo de um centurião romano	8,5-13		7,1-10	
A sogra de Pedro	8,14-15	1,30-31	4,38-39	
Dois gadarenos (gerasenos)	8,28-34	5,1-15	8,27-35	
Um paralítico	9,2-7	2,3-12	5,18-25	
Uma mulher com hemorragia	9,20-22	5,25-29	8,43-48	
Dois cegos	9,27-31			
Um endemoniado que não podia falar	9,32-33			
Um homem com a mão atrofiada	12,10-13	3,1-5	6,6-10	
Um endemoniado cego e mudo	12,22		11,14	
A filha de uma cananeia	15,21-28	7,24-30		
Um menino endemoniado	17,14-18	9,17-29	9,38-43	
Dois cegos (entre eles, Bartimeu)	20,29-34	10,46-52	18,35-43	
Um surdo e gago		7,31-37		
Um possesso na sinagoga		1,23-26	4,33-35	
Um cego de Betsaida		8,22-26		
Uma mulher encurvada			13,11-13	
Um homem com hidropsia			14,1-4	
Dez leprosos			17,11-19	
O servo do sumo sacerdote			22,50-51	
O filho de um oficial em Cafarnaum				4,46-54

Milagre de cura	Mateus	Marcos	Lucas	João
Um inválido à beira do tanque de Betesda				5,1-9
Um cego de nascença				9,1-7

Milagres que demonstram o poder sobre a natureza	Mateus	Marcos	Lucas	João
Jesus acalma a tempestade	8,23-27	4,37-41	8,22-25	
Jesus anda sobre as águas	14,25	6,48-51		6,19-21
Jesus alimenta 5.000 homens	14,15-21	6,35-44	9,12-17	6,6-13
Jesus alimenta 4.000 homens	15,32-38	8,1-9		
A moeda na boca do peixe	17,24-27			
A figueira seca	21,18-22	11,12-14.20-25		
A grande pesca			5,1-11	
Jesus transforma água em vinho				2,1-11
Outra grande pesca				21,21-11

Milagres de ressurreição	Mateus	Marcos	Lucas	João
A filha de Jairo	9,18-19.23-25	5,22-24.38-42	8,41-42.49-56	
O filho de uma viúva de Naim		7,11-15		
Lázaro				11,1-44

PARA INICIAR O ENCONTRO

- Acolha os catequizandos. Converse com eles sobre o que entendem por um milagre. Questione se há experiências em suas famílias que consideram milagres, algo que era praticamente impossível e, quando aconteceu, mudou a condição de vida de alguém (doença, desemprego...). Ouça e pondere com eles como a intervenção divina aconteceu, segundo a percepção deles.

- Leia com eles a introdução do tema e apresente o que abordarão no encontro: os milagres de Jesus.

CRESCER COM A PALAVRA

- Explore o texto inicial deste item sobre as leis na época de Jesus a respeito do sábado, contextualizando as tradições. Destaque que Jesus contraria essas leis ao dar prioridade à vida, às necessidades das pessoas.

- Motive a leitura bíblica solicitando que prestem atenção aos detalhes do que acontece. Depois explique o texto bíblico.

- Mencione os vários milagres que Jesus realizou e esclareça ser possível classificá-los em três tipos: cura, poder sobre a natureza e de ressurreição. Comente-os com os catequizandos.

- Oriente a realização da atividade 1, seguindo as orientações do livro do catequizando. Certifique-se de que eles saibam preparar uma notícia, pois talvez não tenham estudado esse gênero na escola e precisem de sua orientação. Leve alguns exemplos para mostrar como podem fazer a atividade, motivando a criatividade e o entendimento das possibilidades na produção de uma notícia.

- Após a montagem do mural, converse com o grupo sobre os milagres, ajudando-o na compreensão. Explore qual é a mensagem que há em cada um dos milagres noticiados pelos catequizandos, valorizando a sua produção e o conhecimento catequético.

- Oriente a realização das atividades 2 e 3, possibilitando a partilha. Converse com os catequizandos sobre os pequenos milagres que acontecem em nossos dias: o dom da vida, os ciclos da natureza, uma brisa suave, a família, as amizades, a ajuda que recebemos de outras pessoas.

CRESCER NA ORAÇÃO

- Fale dos pequenos milagres que acontecem conosco, dos sinais que se mostram todos os dias, e enfatize a importância de agradecê-los a Deus.

- Encaminhe-os para a oração.

CRESCER NO COMPROMISSO

- Reforce que nós podemos também ser milagres na vida de alguém. Esse alguém pode ser um amigo, um membro da família, um vizinho.

- Explique a atividade e a proposta de compromisso a ser realizada.

- Esclareça que colaborar nos afazeres de casa para que alguém possa descansar, pedir perdão, ouvir uma história de vida, dar um doce (chocolate, bala...), dar um presente, entre outras ações, podem se tornar pequenos milagres que ajudam quem está triste a se reanimar. Muitas são as possibilidades de fazer o milagre do amor e do bem ao próximo.

- Peça para relatarem a experiência.

Anotações

JESUS ENSINA A SERVIR 16

Objetivo

Compreender que ser cristão é aquele que serve buscando o bem do próximo.

LEITURA ORANTE

- Reze o texto: Jo 13,1-15.

- Reflita: Sou capaz de fazer como Jesus? Sou capaz de deixar o manto de meus privilégios? Sou capaz de servir só por amor, sem esperar retorno ou vantagens?

- Ouça as respostas que o texto traz.

- Agradeça e peça a Deus o dom da vida, o dom do amor-serviço, rezando:
  Senhor, fazei de mim um instrumento do teu amor. Que eu consiga mais servir do que ser servido, e que eu o faça sempre com alegria. Amém!

FUNDAMENTAÇÃO PARA O CATEQUISTA

Na noite anterior à sua morte, Jesus lava os pés dos discípulos (Jo 13,1-16). Com esse gesto Ele nos faz compreender que é o Mestre que veio servir, o pastor que veio dar a vida por suas ovelhas. Ele nos ensina que o verdadeiro rei é aquele que serve.

A atitude de lavar os pés é para nos dizer que amar é servir. Ele também tira o manto, mostrando que precisamos abrir mão de privilégios ou *status*. E no fim, Ele nos pergunta: "Sabeis o que vos fiz? Vós me chamais Mestre e Senhor e dizeis bem, porque o sou. Se pois eu, Mestre e Senhor, vos laveis os pés, também vós deveis lavar os pés uns dos outros" (cf. Jo 13,12-14).

Jesus fez de sua vida uma doação total, por amor. E de onde vinha essa imensa capacidade de amar? De sua relação única com o Pai. A doação de Jesus se concretizava em palavras e ações, culminando em sua entrega na cruz, comprovada na livre aceitação durante a Última Ceia. Sem dúvida, uma doação total para garantir a vida plena à humanidade.

Ser cristão é ser movido pelo espírito de doação, de entrega da própria vida para lhe dar um novo sentido. Ser cristão é colocar suas forças em favor daqueles que precisam, para recuperar sua dignidade de pessoa: "Como eu fiz, façam vocês..." (cf. Jo 13,1-15). Jesus nos pede, assim, para assumirmos atitudes concretas de amor, justiça, paz, perdão e fraternidade, assim como Ele fez. E isso significa assumir essas atitudes livremente, por puro amor.

O cristão é chamado a amar e servir a todos em todas as circunstâncias (cf. Mt 20,28; 2Cor 8,9); a ambição deve ser substituída pelo espírito de serviço, tendo Jesus como exemplo a ser seguido de quem se fez servidor de todos. Por isso para nós cristãos o reinado é serviço e somos chamados a viver em conformidade com Cristo. Esta vocação de servir, para a comunidade cristã, não pode ser exercida pelo poder, mas com espírito de serviço (1Pd 5,1-4).

O Papa Francisco (2018) nos ajuda a entender a dimensão do amor e do serviço ao dizer:

> Portanto, na última Ceia o Senhor deixou os dois mandamentos do amor e do serviço, e depois "uma admoestação" que se lê no breve trecho evangélico proposto pela liturgia do dia: "Deveis amar-vos como servos, deveis servir porque sois servos". E a explicação destas palavras, observou o Papa, "é também uma regra de vida: 'Em verdade, em verdade vos digo: o servo não é maior do que o seu Senhor, nem o enviado é maior do que aquele que o enviou'''. Isto é: "Podeis celebrar a Eucaristia, podeis servir, mas enviados por mim, mandados por mim. Não sois maiores do que Eu".

Em síntese, trata-se da "atitude da humildade simples, não fingida": da humildade que vem da "consciência de que Ele é maior do que todos nós, e nós somos servos, e não podemos ultrapassar Jesus, não o podemos usar. Ele é o Senhor, não nós. Ele é o Senhor".

LEIA PARA APROFUNDAR

- Para saber mais sobre Jesus ensinando a alegria de servir, leia os seguintes textos bíblicos: Mc 9,33-37; Mc 10,35-45; Mt 20,28.

O ENCONTRO

MATERIAIS

- Pão.
- Suco de uva.
- Copos para todos os catequizandos.
- Uma bacia.
- Uma jarra com água.
- Uma túnica branca.
- Pequenas toalhas em número suficiente para todos os catequizandos.

PARA INICIAR O ENCONTRO

Explore com os catequizandos o que significa servir e como o serviço está relacionado às necessidades do próximo. Aproprie-se do texto introdutório do livro do catequizando e das imagens para explorar o sentido de servir em diferentes situações.

CRESCER COM A PALAVRA

- Antes de iniciar a leitura bíblica, explore o significado dos objetos que estão sobre a mesa perguntando se os catequizandos se lembram de algum momento em que são utilizados na Igreja. Deixe-os falar.

- Diga que dois fatos muito importantes para nossa vida cristã estão associados a esses objetos: a Última Ceia que Jesus fez com seus discípulos, antes de ser preso e levado para morrer na cruz, e o lava-pés, gesto de Jesus realizado nessa Ceia para ensinar a servir ao próximo.

- Leia com o grupo o texto: Jo 13,1-15, enfatizando os gestos de Jesus.

- Oriente-os a realizar a atividade 1. Explique os gestos de Jesus no serviço ao próximo, o que Ele quis ensinar aos seus discípulos e nos ensina hoje.

  - Respostas:

  a) manto – disponível – bem – próximo

  b) toalha – necessitados – humildes

  c) pés – generosos – paciência – discriminação – alegria

  d) discípulos – compaixão

- Com a atividade 2, explore o ensinamento de Jesus trazendo-o para a realidade. Converse sobre possibilidades que os catequizandos têm de servir ao próximo.

CRESCER NA ORAÇÃO

- Realize a encenação do texto bíblico.

- Convide os catequizandos para ficarem em volta da mesa que você preparou.

- Um dos catequizandos vestirá a túnica, representando Jesus (se nenhum quiser representá-lo, faça você mesmo).

- Os demais catequizandos, mesmo sendo mais que doze, representarão os discípulos de hoje, isto é, todos nós.

- Oriente para que cada catequizando lave os pés de quem estiver à sua direita.

- Cuide para que ninguém fique de fora dessa encenação.

- Após a encenação, converse sobre este gesto de Jesus como símbolo de serviço ao próximo: utilizar seu dom, com generosidade, para servir aos irmãos.

- Encerre com a oração do livro do catequizando.

CRESCER NO COMPROMISSO

- Ajude os catequizandos a entenderem as propostas de compromisso individual e com o grupo, indicadas no livro.
- Na proposta individual: motive-os para uma experiência verdadeira de doação. Oriente para não doarem algo que já não lhes interessa ou usem, mas abrirem mão de algo pelo outro, gratuitamente. Explore as orientações do livro do catequizando.
- Na proposta para o compromisso em grupo apresente a importância de doar um pouco de tempo para ouvir uma pessoa solitária e lhe dar carinho e atenção – um idoso ou alguém doente, por exemplo. Proponha aos catequizandos para realizarem juntos uma visita a alguém nesta situação. Estabeleça os combinados com os catequizandos de acordo com a realidade e situação da pessoa a ser visitada.

Anotações

17 A CRUZ É SINAL DE AMOR

Objetivo

Reconhecer a cruz como sinal de salvação e símbolo do amor de Cristo pela humanidade.

LEITURA ORANTE

- Prepare-se para a leitura orante invocando o Espírito Santo.
- Reze o texto: Mc 15,33-39.
- Releia o texto observando os três momentos centrais: a agonia de Jesus; a zombaria que Ele recebeu; o testemunho do oficial romano.
- Reflita: O que Jesus quer me dizer com esse ato extremo que Ele deixou acontecer?
- Reze também: Is 53,1-12. Compare as palavras e ações dos dois textos.
- Conclua este momento rezando:

  Senhor Jesus, que aceitaste a cruz para nos reconciliar com Deus, nosso Pai, dá-me coragem e confiança para assumir minha cruz a cada dia e por ela me aproximar sempre mais de ti. Amém!

FUNDAMENTAÇÃO PARA O CATEQUISTA

Os bispos, reunidos na V Conferência Geral do Episcopado Latino-Americano, em Aparecida, disseram o seguinte sobre o amor de Deus:

> O fato de sermos amados por Deus enche-nos de alegria. O amor humano encontra sua plenitude quando participa do amor divino, do amor de Jesus

> que se entrega solidariamente por nós em seu amor pleno até o fim (cf. Jo 13.1; 15,9). (DAp, n. 117)

O evangelista João também fala desse amor: "De fato, Deus amou tanto o mundo que deu o seu Filho único para que todo aquele que nele crer não pereça, mas tenha a vida eterna" (Jo 3,16). Jesus sempre demonstrou seu amor pelas pessoas através de atitudes concretas, e entregar sua vida para nos salvar foi a maior prova de amor à humanidade.

Mas por que a morte de Cristo nos salva? Na verdade, não é só a morte de Cristo que nos salva, mas toda a sua vida. Desde a encarnação até a sua ressurreição, tudo o que Jesus Cristo fez é salvação para toda a humanidade. Isso porque Jesus é Deus que se encarna e assume plenamente a nossa condição humana.

Jesus amou até o fim (cf. Jo 13,1). A morte de cruz é o ato último e extremo desse imenso amor e doação de Deus por nós. Para Ele, não bastou fazer-se igual à sua criatura; quis amá-la até as últimas consequências. Por isso quis morrer por nós, com uma morte extremamente humilhante e dolorosa, revelando um amor que confere o valor da redenção de seu sacrifício.

Jesus aceita sua morte livremente e lhe dá um sentido: Ele morre para realizar com seu povo uma nova e eterna aliança, que salva toda a humanidade.

Durante sua vida, Jesus nos ensina a segui-lo tomando, a cada dia, a nossa cruz, que é uma vida de doação e de serviço aos irmãos. Cruz é aquilo que nos causa sofrimento: uma doença, uma pessoa de quem não gostamos... Todos nós temos uma cruz. E, vendo Jesus crucificado, não podemos duvidar do amor de Deus.

O Papa Francisco (2013), na ocasião da Via-Sacra, refletiu:

> A cruz de Jesus é a Palavra com que Deus respondeu ao mal do mundo. [...] Na realidade, Deus falou, respondeu, e a sua resposta é a Cruz de Cristo: uma Palavra que é amor, misericórdia, perdão. É também julgamento: Deus julga amando-nos. [...] a palavra da cruz é também a resposta dos cristãos ao mal que continua a agir em nós

e ao nosso redor. Os cristãos devem responder ao mal com o bem, tomando sobre si a cruz, como Jesus.

Ainda, em sua Homilia do Domingo de Ramos de 2013, o Papa Francisco disse:

> [...] na cruz, Jesus sente todo o peso do mal e, com a força do amor de Deus, vence-o, derrota-o na sua ressurreição. Este é o bem que Jesus realiza por todos nós sobre o trono da Cruz. Abraçada com amor, a cruz de Cristo nunca leva à tristeza, mas à alegria, à alegria de sermos salvos e de realizarmos um bocadinho daquilo que Ele fez no dia da sua morte.

A morte violenta de Jesus faz parte do mistério do projeto de Deus de salvação para toda a humanidade.

LEIA PARA APROFUNDAR

- Catecismo da Igreja Católica, número 616.

O ENCONTRO

MATERIAIS

- ✓ Um painel com uma cruz e Cristo no centro.
- ✓ Imagens com cenas de guerra, de tragédias (como o rompimento da barragem de Brumadinho/MG em 2018), de pessoas passando fome, de pessoas se agredindo (de preferência, imagens de alunos em conflito em frente à escola), de pessoas ajudando outras (pode ser de Santa Teresa de Calcutá, Santa Dulce dos Pobres, Zilda Arns), de pessoas sendo salvas de um desmoronamento ou de outra tragédia, de pessoas fazendo o bem... Deve haver uma imagem para cada catequizando, e ter números iguais de imagens com cenas boas e ruins.
- ✓ Uma mesa com vela, cruz e Bíblia no centro da sala.
- ✓ Em volta da mesa, tecido TNT ou outro.
- ✓ No tecido, coloque as imagens com as cenas boas e ruins, assim como os crucifixos que serão entregues aos catequizandos.

PARA INICIAR O ENCONTRO

- Introduza o assunto do encontro conversando sobre a cruz, a partir do texto introdutório do livro do catequizando.

CRESCER COM A PALAVRA

- Explique o que significava a cruz na época de Cristo.

- Explore por que crucificaram Jesus, comentando a reflexão que antecede a leitura do texto bíblico.

- Leiam juntos a narrativa dos momentos de Jesus na cruz: Mc 15,33-39.

- Pergunte aos catequizandos se não entenderam alguma das palavras do texto.

- Oriente-os a realizar a atividade 1 buscando as respostas no caça-palavras e usando a Bíblia para conferi-las.

  - Respostas:

    a) Meio-dia

    b) Elias

    c) Vinagre

    d) Morreu

    e) Rasgou-se

    f) Cruz

- Encaminhe-os para a atividade 2. Ao encontrarem a resposta, converse com os catequizandos sobre o que motivou o oficial romano a dizê-la. Que fatos ele teria observado para chegar a essa conclusão?

  - Resposta: "Este homem era verdadeiramente Filho de Deus".

CRESCER NO COMPROMISSO

- Com a ajuda do texto do livro do catequizando e das atividades, incentive-os a realizar o compromisso proposto com a família. Peça que anotem o que pretendem fazer, para quem e como será prestada essa ajuda.

CRESCER NA ORAÇÃO

- Explique aos catequizandos que a cruz, para nós cristãos, é sinal de dor, porque acontecem coisas ruins a nós e à humanidade, e é também sinal de amor, porque muitas pessoas se doam para ajudar outras que sofrem.

- Diga para cada catequizando pegar, em silêncio, uma imagem que está no pano no centro da sala e voltar para seu lugar.
- Peça para que olhem a cena retratada na imagem que escolheram. Solicite que respondam às perguntas em seus livros:
  - Esta imagem é sinal de dor ou amor? Por quê?
  - Qual é a relação desta imagem com a cruz?
  - Olhando a nossa realidade, o que mais tem hoje no mundo: sinal de dor ou sinal de amor?
- As respostas podem indicar ter mais sinais de dor porque são mais enfatizados nos meios de comunicação, mas explique haver muitos sinais de amor. Conte um pouco sobre a história de um(a) santo(a) ou de uma pessoa que ajudou ou ajuda muito os outros; essas pessoas são sinais de amor. Ajude-os a reconhecer os sinais de amor em sua comunidade, família, escola...
- Por fim, peça para fixarem as imagens no painel: do lado direito, colocar as imagens que são sinais de dor e, do lado esquerdo, as que são sinais de amor.
- Encerre este momento com a oração proposta no livro do catequizando.

Anotações

PERMANECEI NO MEU AMOR

18

> **Objetivo**
>
> Identificar que permanecer no amor de Cristo é amar como Jesus amou.

LEITURA ORANTE

- Inicie este momento rezando:

  Espírito Santo, amor do Pai, ilumina minha mente, a minha vontade e o meu coração. Me abra para ouvir sua verdade. Me converta e me renove através de sua Palavra. Amém!

- Reze o texto: Jo 15, 9-17.

- Reflita: Aceito o convite de Jesus de permanecer no seu amor? Obedeço aos seus mandamentos?

FUNDAMENTAÇÃO PARA O CATEQUISTA

Jesus nos diz, de diversas formas, que o amor a Deus coincide e identifica-se com o amor ao próximo.

Para compreender como Jesus explica o amor, buscamos nas Escrituras:

- O amor a Deus se assemelha ao amor ao próximo – Jesus ensina que amar a Deus e amar ao próximo têm igualdade (cf. Mt 22,37-40).

- O amor a Deus e o amor ao próximo são inseparáveis, pois constituem um só mandamento, do qual dependem todos os outros (cf. 1Jo 4,20s).

- Existe uma espécie de igualdade entre o amor a Deus e o amor ao próximo – o que fazemos ao próximo (em especial ao mais humilde e necessitado) é como se fizéssemos ao próprio Jesus (cf. Mt 25,40).

- A norma do amor será amar como Jesus nos amou – o amor de Cristo foi até as últimas consequências, e essa deve ser a nossa referência (cf. 1Jo 3,16).
- Por ser o amor nosso mandamento, a única medida do amor é amar sem medida, como nos pede Jesus: "Este é o meu mandamento: amai-vos uns aos outros como eu vos amei. Ninguém tem amor maior do que aquele que dá a vida por seus amigos" (Jo 15,12-13).

A vida cristã é centrada em Jesus Cristo, que tinha sua vida centrada no amor de Deus a ser vivido entre todas as pessoas; com isso, a vida do cristão deve estar a serviço do plano de amor de Deus.

A Igreja, como Jesus, identifica-se com os pequenos – os que sofrem, os pobres, os doentes, os abandonados –, e todos os cristãos são chamados a colaborar na transformação da sociedade. Permanecer no amor de Deus nos impulsa a ir em missão, a levar Jesus a todos.

> (...) permanecer no amor de Jesus para viver no fluxo de amor de Deus, escolher residência fixa, é a condição para garantir que nosso amor não perca seu ardor e sua audácia na rua. Nós também, como Jesus e Nele, devemos receber com gratidão o amor que vem do Pai e permanecer neste amor, tentando não nos separar do egoísmo e do pecado. É um programa exigente, mas não impossível. (PAPA FRANCISCO *apud* ALBERTO, 2018)

O ENCONTRO

MATERIAIS

- Letra da canção *Permanecei em mim*, do Padre Ney Brasil.

PARA INICIAR O ENCONTRO

- Inicie o encontro explorando os termos "permanecer" e "perseverar". Pergunte como os catequizandos compreendem essas palavras na prática. Depois avance comentando e lendo com eles o texto introdutório.

CRESCER COM A PALAVRA

- Converse com os catequizandos sobre o texto inicial, explorando o que seja amar a Deus e ao próximo como algo que não se pode separar.
- Motive a leitura bíblica, convidando-os a silenciar e invocar o Espírito Santo.
- Leiam juntos o texto: Jo 15,9-17.
- Após a leitura, converse com os catequizandos sobre o que é amar para Jesus.
- Enfatize que amar a Deus implica amar verdadeiramente as pessoas como irmãos e irmãs, e servi-las com alegria. Explore, também, como podemos permanecer unidos a Jesus pelo amor.
- Explique os versículos: "Se guardardes os meus mandamentos, permaneceis no meu amor" (Jo 15,10) e "Este é o meu mandamento: amai-vos uns aos outros como eu vos amei" (Jo 15,12).
- Oriente-os a fazer as atividades 1 e 2. Na atividade 2, leia com os catequizandos os textos bíblicos, solicitando que localizem as atitudes de amor ao próximo que nos ajudam a permanecer no amor de Deus. Depois conversem sobre as atitudes encontradas e se eles já praticam algumas delas ou conhecem alguém que as pratique.
  - Respostas da atividade 2 :

    a) Amar os inimigos e rezar por quem vos persegue

    b) Amar a Deus e amar ao próximo como a ti mesmo.

    c) Amar uns aos outros.

    d) Acolher os necessitados e ajudar os irmãos.
- Oriente-os a realizar a atividade 3, motivando-os a identificar, a partir do que conversaram e leram na Bíblia, o que é amar para eles e o que é amar para Jesus. Ajude-os a reconhecer semelhanças e diferenças entre o que pensam e o que Jesus ensina sobre o que seja amar (possíveis respostas: ser amigo; ajudar o próximo; ser honesto; ser acolhedor; ser solidário; ser responsável; ser justo).

CRESCER NO COMPROMISSO

- Ajude-os a responder às atividades do livro do catequizando. Na primeira atividade, amar as pessoas é ajudar, conversar, respeitar, doar-se para o outro, ser honesto.

- Na segunda atividade, ajude-os a identificar atitudes concretas que eles podem fazer para as pessoas necessitadas da comunidade, demonstrando esse amor. É preciso esclarecer que nem sempre ajudar as pessoas está somente relacionado a doar coisas, às vezes doar tempo e atenção é também um jeito de amar os necessitados.

- Por último, escolha junto com eles o que pode ser feito individualmente durante a semana e oriente-os a escrever depois como foi a experiência de realizar a atividade.

CRESCER NA ORAÇÃO

- Oriente-os a pensar e fazer uma oração para alguém que sofre, como expressão do amor deles e de Jesus por essa pessoa.

- Depois peça para que falem em voz alta o nome dessa pessoa e, após cada nome citado, respondam juntos: "*Jesus, nos ajude a permanecer no seu amor*".

- Apresente a canção *Permanecei em mim* (Padre Ney Brasil) e compare a letra com o texto bíblico. Cante com eles a canção.

- Conclua com a oração no livro do catequizando.

SOU CHAMADO A FORMAR COMUNIDADE NO AMOR

19

Objetivo

Analisar que, para fazer parte de uma comunidade, é preciso compartilhar os dons em benefício de todos.

LEITURA ORANTE

- Inicie este momento invocando o Espírito Santo.

- Reze o texto: Rm 12,4-8.

- Observe bem as palavras; se não entender alguma, procure seu significado no dicionário ou na internet.

- Reflita: Estou colocando à disposição da comunidade os meus dons, recebidos de Deus? Qual minha experiência de vida comunitária? Como transmito essa experiência aos meus catequizandos?

FUNDAMENTAÇÃO PARA O CATEQUISTA

A formação do grupo dos doze tinha como finalidade a colaboração e o envolvimento direto com o projeto que Jesus recebeu do Pai: anunciar a Boa-Nova do Reino.

Assim, desde o início de sua vida pública, Jesus escolheu doze homens para estarem com Ele, participando da sua missão; deu-lhes autoridade e "enviou-os a proclamar o Reino de Deus e a curar" (Lc 9,2).

Mesmo chamados por Jesus um a um, nome a nome, o grande ideal desse grupo era a vida em comunidade; sua convivência era baseada na solidariedade, construindo uma vida fraterna e de partilha de dons.

A vivência com Jesus foi a grande escola para os apóstolos. Ele lhes deu a conhecer os mistérios do Reino e, também, a forma de viver em comunidade, tendo como maior regra o amor fraterno e a doação dos dons.

Em comunidade nós somos membros do Corpo de Cristo. Recebemos de Deus os dons e, em comunidade, devemos dispô-los uns aos outros.

> Não se vive a fé apenas individualmente, mas em comunidade; a fé do cristão cresce na medida em que ele caminha com a comunidade na busca e cumprimento da vontade de Deus. Isto exige uma atitude de constante conversão, e por isso ela é a primeira opção de toda a comunidade eclesial. A catequese exige, em função dessa conversão, o permanente crescimento da fé. (CR, n. 250)

Esta comunidade de fé deve ser fundamentada na Palavra de Deus (cf. At 2,42), composta por membros do Corpo de Cristo que realizam a partilha dos dons entre os irmãos (cf. Rm 12,4-8).

A comunidade de fiéis, constituída de maneira estável na Igreja particular, é a paróquia, lugar que inicia o povo cristão na vida litúrgica, ensina a doutrina de Cristo e a prática das boas obras. A pessoa humana deve ser o princípio, sujeito e fim de toda comunidade.

Na parábola dos talentos (Mt 25,14-30), Jesus nos diz que não podemos enterrar nossos dons, e sim disponibilizá-los para a comunidade. Ele vai mais longe: pede para não escondermos nossa fé e nossa pertença a Cristo, e sim fazê-las circular na vida das pessoas: "Jesus não nos pede de conservar a sua graça numa caixa-forte, mas quer que a usemos em vantagem dos outros. É como se dissesse: 'Eis a minha misericórdia, a minha ternura, o meu perdão: pega neles e faz-lhes largo uso'" (PAPA FRANCISCO, *Angelus*, 2014b).

O ENCONTRO

MATERIAIS

- Um painel com a frase: SOU CHAMADO A FORMAR COMUNIDADE NO AMOR. Embaixo dessa frase, uma imagem ou desenho de uma igreja com Jesus acima dela, abraçando-a. Em frente à igreja, várias pessoas indo rezar.

- Tarjas com as seguintes frases:
    1. A caridade (amor) é a principal atitude de um cristão.
    2. Quem ama Jesus, ama também o próximo.
    3. Para viver em comunidade devo praticar a honestidade.
    4. A justiça é uma atitude comunitária.
    5. Ao doar meus dons à comunidade, eu realizo o encontro pessoal com Jesus.
    6. Quando ajudo a minha comunidade, eu me torno membro do Corpo de Cristo.

- Multiplicar as frases, uma para cada catequizando. Se tiver outras frases, pode acrescentar ou substituir as sugeridas.

- Coloque essas frases no chão em volta da mesa no centro da sala.

PARA INICIAR O ENCONTRO

- Converse com os catequizandos sobre o que é participar de uma comunidade de amigos, da família, da catequese. Depois explore o texto introdutório e a imagem.

CRESCER COM A PALAVRA

- Convide os catequizandos a se prepararem para a leitura bíblica, rezando a oração em seus livros.

- Faça a leitura do texto bíblico com os catequizandos.

- Converse com eles observando se entenderam as palavras escritas no texto, como "membros" e "dons".

- Comente o texto do livro do catequizando, motivando sua leitura. Depois enfatize a importância de cada um descobrir seus dons e usá-los a serviço das pessoas ou para contribuir na comunidade.

⊞ Oriente-os a realizar as atividades 1 e 2. Depois converse sobre as respostas dos catequizandos.

- Respostas da atividade 1:

  a) Corpo de Cristo.

  b) As pessoas que formam a comunidade.

  c) Os dons.

  d) As nossas capacidades recebidas pela graça de Deus.

- Resposta da atividade 2: comunidade no amor.

CRESCER NA ORAÇÃO

- Na oração, peça para cada catequizando pegar uma frase e lê-la em voz alta. Após a leitura de cada frase, todos respondem: "*Senhor, quero fazer parte da sua comunidade no amor*".

- Solicite que colem as frases no painel que você preparou. Depois convide-os a contemplar o painel e comentar o que aprenderam sobre o que é formar comunidade.

- Caso seja possível, escreva com os catequizandos uma frase coletiva para colar no painel, resumindo o que aprenderam no encontro.

CRESCER NO COMPROMISSO

- Conte a história do livro do catequizando. Converse sobre a situação descrita e o uso dos dons.

- Oriente-os a responder à questão relacionando a história com o texto bíblico e escrevendo as atitudes nas ilustrações.

- Incentive-os a escrever sobre as pessoas que compartilham seus dons na comunidade.

- Proponha a atividade de compromisso para fazer em casa.

> **LEMBRETE**
>
> Motive a realização da atividade, durante a semana, por meio do grupo de WhatsApp.

Encontro celebrativo

JESUS ENSINA A AMAR

20

Objetivo

Reconhecer que para termos um verdadeiro encontro com Jesus, precisamos aprender a amar como Ele amou.

LEITURA ORANTE

- Prepare-se para a oração invocando o Espírito Santo.

- Realize a leitura do texto: Jo 13,31-35.

- Ao ler o texto, enfatize o novo mandamento de Jesus.

- Reflita: O que esse mandamento quer dizer para mim? Que atitudes posso ter para que meus catequizandos amem uns aos outros como Jesus nos ama?

- Encerre a leitura orante com a oração do Pai-nosso.

FUNDAMENTAÇÃO PARA O CATEQUISTA

O primeiro e mais importante mandamento é amar a Deus de todo o coração, e o segundo é amar o próximo como a si mesmo (cf. Mt 22,34-40).

Antes de Jesus se entregar na cruz por amor à humanidade, no entanto, Ele deixou um novo mandamento: "Assim como eu vos amei, amai-vos também uns aos outros" (cf. Jo 13,34). Com esse mandamento, Jesus nos ensina a amar.

Jesus explica que toda a Lei de Deus resume-se no amor a Ele e ao próximo, e não se consegue cumprir qualquer dos outros mandamentos se não houver esse amor.

Ao cumprirmos o mandamento do amor reconhecemos no próximo a presença de Deus que o criou e que, através do seu Espírito Santo, se faz presente em cada ser humano.

LEIA PARA APROFUNDAR

- FRANCISCANOS – Província Franciscana da Imaculada Conceição do Brasil. Papa Francisco: "Como eu vos amei" é a novidade no mandamento do amor. *Regina Coeli*, 19 mai. 2019. Disponível em: https://franciscanos.org.br/noticias/papa-como-eu-vos-amei-e-a-novidade-no-mandamento-do-amor.html#gsc.tab=0. Acesso em: 20 jul. 2021.

A CELEBRAÇÃO

MATERIAIS

- ✓ Na mesa, com a Bíblia, coloque a frase: JESUS DISSE: "ASSIM COMO EU VOS AMEI, AMAI-VOS TAMBÉM UNS AOS OUTROS" (Jo 13,34). Se quiser, pode fazer um marcador de páginas com a frase para entregar a cada catequizando.
- ✓ Papel para cada catequizando escrever o seu pecado.
- ✓ Uma urna (bacia ou fôrma) para os catequizandos depositarem os papéis com seus pecados escritos, para serem queimados pelo catequista.
- ✓ Catequista, escreva também o seu pecado para depositar na urna.
- ✓ Cada um que colocar o papel na urna rezará: "*Senhor, peço perdão pelas vezes que ofendi o irmão e a Deus*".
- ✓ Selecionar letras das músicas para a celebração. Sugere-se: *Palavra de Salvação* (Padre Zezinho), *Amar como Jesus amou* (Padre Zezinho) ou outras que considerar próprias ao momento e grupo.

ACOLHIDA

Catequista: Jesus nos ensina a amar e quer que o sigamos. Para segui-lo, precisamos viver no amor. Ele nos diz que não basta somente amar os amigos e familiares, é preciso também amar a todos, inclusive nossos inimigos. Só o amor a Deus e aos irmãos nos levará ao verdadeiro encontro com Jesus Cristo.

PEDIDO DE PERDÃO

Catequista: Jesus nos ensinou a servir, nos mostrou que a cruz é sinal de amor, pediu para permanecermos no seu amor, nos chamou a formar comunidade no amor. Para isso Ele nos deu um novo mandamento: "Assim como eu vos amei, amai-vos uns aos outros" (Jo 13,34). Pensando nisso, é o momento de pedirmos perdão pelas vezes que deixamos de amar os irmãos.

Cada um vai escrever em um papel um erro que cometeu e ofendeu o irmão e a Deus. Depois vai pegar esse papel e colocar na urna para ser queimado, dizendo: *Senhor, peço perdão pelas vezes que ofendi o irmão e a Deus.*

Depois que todos depositarem os papéis na urna, o catequista vai colocar fogo, queimando os nossos pecados contra Deus e os irmãos.

PROCLAMAÇÃO DA PALAVRA

Catequista: Jesus nos diz: "Todos saberão que sois meus discípulos, se vos amardes uns aos outros" (Jo 13,35). Vamos ouvir com atenção a Palavra de Deus.

Canto de Aclamação: Sugere-se *Envia tua Palavra*.

Catequista: Vamos ouvir o Evangelho segundo João 13,31-35.

REFLEXÃO SOBRE A PALAVRA

Catequista: Jesus nos deixou vários ensinamentos: como perdoar, como servir, como ajudar o próximo... Neste texto que acabamos de refletir Ele nos ensina a amar. Não somente nos ensina, Ele nos mostra o caminho para amar e ir ao seu encontro. Esse caminho é o novo mandamento: "Assim como eu vos amei, amai-vos também uns aos outros" (Jo 13,34). Ele está nos dizendo que ser cristão é amar como Ele amou: sem preconceito, sem ambição, sem recompensa. Juntos, vamos repetir esse versículo:

Todos: "Assim como eu vos amei, amai-vos também uns aos outros".

Catequista: Vamos reler cada um em sua Bíblia, em silêncio, o texto que foi proclamado. Pense após a leitura como buscará viver o novo mandamento de Jesus.

PEDIDOS A DEUS

Catequista: Vamos fazer nossos pedidos a Deus com fé, esperança e amor para que Ele nos ajude a viver o novo mandamento que Jesus nos deu.

Catequizando: Para que o Senhor, nos ensine a viver o mandamento do amor na nossa vida familiar, comunitária e social, rezemos:

Todos: Senhor, ensinai-nos a amar de verdade.

Catequizando: Para que não nos desanimemos a viver o seu amor, Senhor, mesmo vendo que a nossa sociedade está cada vez mais egoísta, rezemos:

Todos: Senhor, ensinai-nos a amar de verdade.

Catequizando: Para que eu ame meus irmãos assim como Jesus me ama, rezemos:

Todos: Senhor, ensinai-nos a amar de verdade.

Catequizando: Para que eu olhe meus irmãos com o olhar amoroso de Jesus Cristo, rezemos:

Todos: Senhor, ensinai-nos a amar de verdade.

Catequizando: Para que a sua Palavra, Senhor, me anime a ter mais fé e realizar o verdadeiro encontro com Cristo Ressuscitado, rezemos:

Todos: Senhor, ensinai-nos a amar de verdade.

BÊNÇÃO

Catequista: Que Deus nos abençoe e nos guarde.

Todos: Amém!

Catequista: Que Ele nos mostre sua face e se compadeça de nós.

Todos: Amém!

Catequista: Que volte para nós seu olhar e nos dê a paz.

Todos: Amém!

Catequista: Abençoe-nos, Deus misericordioso, em nome do Pai e do Filho e do Espírito Santo.

Todos: Amém!

CANTO

Sugestão: *Amar como Jesus amou* (Padre Zezinho).

LISTA DE SIGLAS E ABREVIATURAS

AL – Exortação apostólica *Amoris Laetitia*

CNBB – Conferência Nacional dos Bispos do Brasil

CIgC – Catecismo da Igreja Católica

CR – Catequese Renovada

ChV – Exortação apostólica *Christus Vivit*

DC – Diretório para a Catequese

DV – Constituição dogmática *Dei Verbum*

DAp – Documento de Aparecida

DGAE – Diretrizes Gerais da Ação Evangelizadora da Igreja no Brasil 2019-2023

EG – Exortação apostólica *Evangelium Gaudium*

EM – Decreto *Ecclesia Mater*

FT – Carta encíclica *Fratelli Tutti*

GeE – Exortação apostólica *Gaudete et Exsultate*

GS – Constituição pastoral *Gaudium et Spes*

LG – Constituição dogmática *Lumen Gentium*

LS – Carta encíclica *Laudato Si'*

MC – Exortação Apostólica *Marialis Cultus*

MV – Bula de proclamação do jubileu da misericórdia *Misericordiae Vultus*

RM – Carta encíclica *Redemptoris Mater*

RICA – Ritual da Iniciação Cristã de Adultos

REFERÊNCIAS

ALBERTO, C. *Papa Francisco*: Permanecei no meu amor. Regina Coeli, Santuário São Judas Tadeu, 6 de maio de 2018. Disponível em: https://www.saojudastadeu. org.br/papa-francisco-permanecei-no-meu-amor-jo-159/. Acesso em: 21 jul. 2021.

BÍBLIA *Sagrada*. Edição da família: Antigo e Novo Testamentos. Tradução: vários. Petrópolis: Vozes, 2005.

CATECISMO *da Igreja Católica*. São Paulo: Loyola, 2000.

CATEQUESE *Renovada*: orientações e conteúdo. 19. ed. São Paulo: Paulinas, 1983. (Documentos da CNBB, n. 26)

CELAM. *Documento de Aparecida*: Texto conclusivo da V Conferência Geral do Episcopado Latino-Americano e do Caribe. São Paulo: Paulinas, 2007.

CALIKOSKI, C. R. *A arte de rezar*: Orações na catequese. Petrópolis: Vozes, 2019.

DIRETÓRIO PARA A CATEQUESE. *Documentos da Igreja, n. 61*. Brasília: Edições CNBB, 2020.

FRANCISCANOS – Província Franciscana da Imaculada Conceição do Brasil. *Papa Francisco*: "Como eu vos amei" é a novidade no mandamento do amor. Regina Coeli, 19 de maio de 2019. Disponível em: https://franciscanos.org.br/ noticias/papa-como-eu-vos-amei-e-a-novidade-no-mandamento-do-amor.html#gsc.tab=0. Acesso em: 20 jul. 2021.

PAPA FRANCISCO. *Palavras do Santo Padre Francisco*. Via-Sacra no Coliseu, Roma, 29 de março de 2013. Disponível em: https://www.vatican.va/content/ francesco/pt/speeches/2013/march/documents/papa-francesco_20130329_ via-crucis-colosseo.html. Acesso em: 20 jul. 2021.

PAPA FRANCISCO. *Homilia do Santo Padre Francisco*. Celebração do Domingo de Ramos e da Paixão do Senhor, Praça de São Pedro, 24 de março de 2013. Disponível em: https://www.vatican.va/content/francesco/pt/homilies/2013/ documents/papa-francesco_20130324_palme.html. Acesso em: 23 jul. 2021.

PAPA FRANCISCO. *Angelus*, Praça de São Pedro, 17 de março de 2013. Disponível em: https://www.vatican.va/content/francesco/pt/angelus/2013/ documents/papa-francesco_angelus_20130317.html. Acesso em: 20 jul. 2021.

PAPA FRANCISCO. *Angelus*, Praça de São Pedro, 13 de julho de 2014a. Disponível em: https://www.vatican.va/content/francesco/pt/angelus/2014/documents/ papa-francesco_angelus_20140713.html. Acesso em: 19 jul. 2021.

PAPA FRANCISCO. *Angelus*, Praça de São Pedro, 16 de novembro de 2014b. Disponível em: https://www.vatican.va/content/francesco/pt/angelus/2014/ documents/papa-francesco_angelus_20141116.html. Acesso em: 20 jul. 2021.

PAPA FRANCISCO. *Audiência geral*, 25 de março de 2015. Disponível em: https://www.vatican.va/content/francesco/pt/audiences/2015/documents/papa-francesco_20150325_udienza-generale.html. Acesso em: 19 jul. 2021.

PAPA FRANCISCO. *Amoris Laetitia*: Exortação apostólica pós-sinodal do Papa Francisco sobre o amor na família. São Paulo: Paulinas, 2016.

PAPA FRANCISCO. *Audiência geral*, Praça São Pedro, 12 de dezembro de 2018. Disponível em: https://www.vatican.va/content/francesco/pt/audiences/2018/documents/papa-francesco_20181212_udienza-generale.html. Acesso em: 20 jul. 2021.

PAPA FRANCISCO. *Meditações matutinas na Santa Missa celebrada na Capela da casa Santa Marta*: o cristão existe para servir, 26 de abril de 2018. Disponível em: https://www.vatican.va/content/francesco/pt/cotidie/2018/documents/papa-francesco-cotidie_20180426_cristao-servir.html. Acesso em: 20 jul. 2021.

PAPA FRANCISCO. *Discurso do Papa Francisco aos funcionários da Santa Sé e do Estado da cidade do Vaticano por ocasião das felicitações de Natal*. Sala Paulo VI, 21 de dezembro de 2019. Disponível em: https://www.vatican.va/content/francesco/pt/speeches/2019/december/documents/papa-francesco_20191221_dipendenti-vaticani.html. Acesso em: 19 jul. 2021.

PAPA FRANCISCO. *Angelus*, Praça de São Pedro, 14 de julho de 2019. Disponível em: https://www.vatican.va/content/francesco/pt/angelus/2019/documents/papa-francesco_angelus_20190714.html. Acesso em: 20 jul. 2021.

PAPA FRANCISCO. *Homilia do Papa Francisco*: "Orar é caminhar com Jesus para o Pai que nos dará tudo". Celebração matutina transmitida ao vivo da Capela da Casa Santa Marta, 10 de maio de 2020. Disponível https://www.vatican.va/content/francesco/pt/cotidie/2020/documents/papa-francesco-cotidie_20200510_pregare-lottando-con-dio.html. Acesso em: 21 jul. 2021.

PAPA FRANCISCO. *Evangelii Gaudium*: Exortação apostólica sobre a alegria do Evangelho. São Paulo: Paulinas, 2013.

RITUAL *da Iniciação Cristã de Adultos*. 3. ed. São Paulo: Paulinas, 2010.

VATICAN NEWS. *Papa Francisco*: seguir Jesus não por interesse, mas pela fé. Homilia do Papa Francisco na Capela da Casa Santa Marta, 16 de abril de 2018. Disponível em: https://www.vaticannews.va/pt/papa-francisco/missa-santa-marta/2018-04/papa-missa-santa-marta.html. Acesso em: 20 jul. 2021.

Conecte-se conosco:

f facebook.com/editoravozes

◉ @editoravozes

X @editora_vozes

▶ youtube.com/editoravozes

☏ +55 24 2233-9033

www.vozes.com.br

Conheça nossas lojas:

www.livrariavozes.com.br

Belo Horizonte – Brasília – Campinas – Cuiabá – Curitiba
Fortaleza – Juiz de Fora – Petrópolis – Recife – São Paulo

  Vozes de Bolso

EDITORA VOZES LTDA.
Rua Frei Luís, 100 – Centro – Cep 25689-900 – Petrópolis, RJ
Tel.: (24) 2233-9000 – E-mail: vendas@vozes.com.br